Laurent Albaret est professeur certifié d'histoire-géographie. Il prépare sa thèse à l'université Lumière-Lyon 2 et consacre ses recherches actuelles à l'Inquisition et à ses procédures dans le midi de la France. Président du Centre de valorisation du patrimoine médiéval (CVPM), auteur de plusieurs articles sur le catharisme et l'Inquisition, Laurent Albaret est spécialisé dans l'histoire de la répression des dissidences religieuses au Moyen Age.

A mes parents

Tous droits de traduction et d'adaptation réservés pour tous pays
© Gallimard 1998

Dépôt légal : novembre 1998
Numéro d'édition : 86703
ISBN : 2-07-053458-8
Imprimerie Kapp Lahure Jombart, à Evreux.

L'INQUISITION
REMPART DE LA FOI

Laurent Albaret

DÉCOUVERTES GALLIMARD
RELIGIONS

L'année 313 s'inscrit dans l'histoire de l'Eglise comme celle de la reconnaissance du christianisme dans l'Empire romain et de l'abolition des cultes païens. Désireux d'imposer cette nouvelle religion, l'empereur Constantin va susciter au travers des différents conciles qu'il réunit une réflexion qui aboutira à l'élaboration d'une orthodoxie et à la mise en place d'une religion d'Etat.

CHAPITRE PREMIER
LE DOGME ET L'HÉRÉSIE

C'est sous Constantin, converti au lendemain du miracle de Milvius (à droite), que le terme «hérésie», du grec *hairesis* qui signifie «choix», cesse de désigner une alternative religieuse et prend le sens péjoratif d'«erreur», selon les dogmes de la nouvelle orthodoxie édictés en 325.

12 LE DOGME ET L'HÉRÉSIE

Depuis le Ier siècle de notre ère, le christianisme a su se dissocier du judaïsme dont il est issu et se développer parmi les populations d'un Empire romain où la liberté religieuse n'existe pas en raison de la prédominance des traditions païennes. Son monothéisme, son rejet des sacrifices aux divinités romaines et le refus de la conscription provoquent la mise à l'écart des adeptes de cette nouvelle religion. Perçus comme des «étrangers» au monde romain, ils subissent la persécution dès 303, sous le règne de l'empereur Dioclétien (284-305).

Constantin, premier empereur chrétien

Son successeur, Constantin (306-337), pourtant grand adepte du culte du Soleil Sol-Apollon, est le premier empereur à se convertir au christianisme après sa

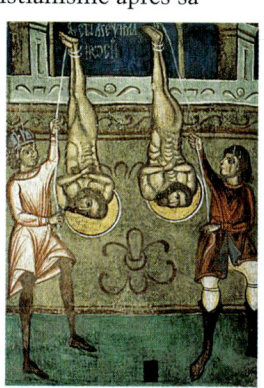

victoire miraculeuse au pont Milvius, en 312, sur son rival Maxence. Lors de l'entrevue de Milan un an plus tard, il décide avec son allié Licinius d'officialiser le christianisme en accordant la liberté de culte aux chrétiens à qui l'on restitue également leurs biens, confisqués lors des persécutions dioclétiennes.

Durant tout le IVe siècle, la religion jadis persécutée, qui accueille désormais l'empereur en son sein, devient la religion de l'Etat dans toutes les provinces romaines, renforçant l'unanimité de l'Empire autour de la personne de l'empereur. Selon l'évêque Eusèbe de Césarée, l'imbrication des affaires politiques et religieuses est ainsi à l'origine d'une «théologie de l'Empire chrétien» qui résulte d'une unification politique et de la revendication universaliste de la nouvelle religion, le catholicisme.

LE TRIOMPHE DU CHRISTIANISME

Le christianisme, religion proscrite dans les premiers temps de l'Empire romain, s'était néanmoins ancré dans la société, les dignitaires de l'Eglise n'hésitant pas à détruire les idoles païennes dès le Ier siècle (ci-contre). D'après les estimations des historiens, les chrétiens, qui ont subi les persécutions romaines de 64 à 312, comptent des dizaines de milliers de victimes : ceux qui refusaient d'abjurer leur foi étaient en effet voués à mourir dans d'atroces souffrances (page de gauche en haut et en bas).

Pour ces raisons, toute autre revendication religieuse, portant atteinte à l'édifice, ne peut qu'être condamnée. Dès 277, les persécutions impériales contre les manichéens – adeptes du Persan Manès qui admettait deux principes divins, le Bien et le Mal – avaient montré le

pouvoir répressif de l'empereur dans le domaine du religieux. En 313, dans les provinces d'Afrique du Nord, l'évêque Donat et ses partisans, appelés rigoristes, dénoncent le sacrement du baptême et remettent en cause l'unicité de l'Eglise. Menaçant la paix et entraînant dans un schisme une grande partie de l'Eglise de Numidie, le donatisme est condamné par les conciles d'Arles (314) et de Carthage (348).

Selon l'apologiste chrétien Lactance (260-325), le 28 octobre 312, dans la nuit précédant la bataille de Milvius, Constantin fit un songe dans lequel un ange lui intimait de marquer le bouclier de ses soldats du chrisme, « un X traversé de la lettre I infléchie vers le sommet ». L'empereur, associant sa victoire à ce symbole chrétien, fit reconnaître le dieu des chrétiens et s'engagea dans la conversion, bien qu'il ne comprît jamais vraiment la doctrine de cette nouvelle religion. Cette vision décisive a inspiré de nombreux artistes : au centre, *Le Songe de Constantin* peint par Pierro della Francesa.

Mais en marge des schismes, qui constituent des ruptures spirituelles dans la religion chrétienne, l'arianisme s'inscrit comme la première hérésie, rejet doctrinal de l'orthodoxie romaine et choix d'une autre vérité religieuse que dénoncera l'Eglise. Dans sa prédication, Arius d'Alexandrie (280-336) remet ainsi en cause le dogme trinitaire : le fils de Dieu incarné en Jésus n'est pas éternel ni égal à Dieu le Père, le dieu des chrétiens. A une époque où l'orthodoxie n'est pas officiellement définie, cette primauté du Père dans une démarche néanmoins monothéiste ébranlera, par son développement et le succès remporté en Orient, l'Empire constantinien.

Le concile de Nicée fut le premier à rassembler les principaux dignitaires de l'Eglise chrétienne en présence de l'empereur (ci-dessus).

Nicée, l'acte fondateur de l'orthodoxie

Investi par Dieu, le dieu des chrétiens, Constantin tient à organiser la défense du christianisme et convoque en 325 le premier concile œcuménique à Nicée, en Bithynie, afin notamment de résoudre la crise arienne qui menace l'Empire. Lors de cette assemblée, qui définit officiellement les principaux dogmes du christianisme, les deux cent soixante-dix évêques présents établissent une charte du catholicisme, qui propose une première pédagogie de la christianisation, et dénoncent les déviances religieuses et les mœurs répréhensibles du paganisme. Par l'adoption d'une morale chrétienne forte, Nicée condamne le choix de l'arianisme, défini comme une hérésie; ses disciples sont exilés par un pouvoir impérial qui se met au service du spirituel. Néanmoins, en 327, la relative soumission d'Arius permettra son retour et sa réconciliation avec Constantin, partagé dans les dernières années de son règne entre l'influence des prêtres ariens de la cour, dont Eusèbe de Nicomédie, et ses prétentions à être l'«évêque de ceux du dehors», c'est-à-dire des laïcs et des païens de l'Empire.

Théodose II, empereur d'Orient de 401 à 450 (ci-dessus), ordonne en 429 la compilation de toutes les lois des empereurs légitimes depuis 312 afin d'édicter un code de la législation et institutions romaines. Achevé en 438, le Code théodosien sera le premier à reprendre les lois édictées contre les hérétiques lors des conciles de Nicée et de Constantinople.

DÉFINIR L'HÉRÉSIE

Les successeurs de Constantin, à l'exception de Julien l'Apostat, continuent son œuvre de christianisation de l'Empire. La désapprobation par l'Eglise de l'hérésie s'organise désormais autour d'un pouvoir impérial qui édicte des lois anti-hérétiques répressives. L'édit contre l'arianisme (380) puis la séparation du paganisme et de l'Etat (382), l'interdiction du culte aux dieux traditionnels et l'exclusion des hérétiques

Convoqué de mai à août 325, le concile de Nicée donne officiellement une définition du dogme trinitaire, condamne l'arianisme, et ordonne la destruction publique des écrits d'Arius (ci-dessus). Le concile de Constantinople, réuni en 381 par Théodose Ier sur le conseil de saint Ambroise, réitérera les condamnations nicéennes contre Arius (ci-contre, miniature du XIVe siècle figurant les dogmes de la foi écrasant Arius) et contre le paganisme. Si l'Eglise prend à cœur la défense de l'orthodoxie chrétienne, c'est pourtant l'usurpateur Maxime qui décidera, en 384, de la première exécution d'un hérétique, l'ascétique Priscillien, évêque d'Avila, excommunié en 381 par le synode de Saragosse.

des postes publics sous Théodose Ier (392), les quelque soixante lois anti-hérétiques contenues dans le Code de Théodose II (435-438) et la condamnation de la plus petite déviation de la foi catholique par le pouvoir sont des exemples, parmi d'autres, de la vigoureuse affirmation du christianisme comme religion officielle de l'empereur, garant de la paix de l'Eglise.

Comme le rappelle Isidore de Séville dans ses *Sentences* : «Les princes sont responsables de cette paix, parce que Dieu leur a confié l'Eglise.» Dans ces conditions et quels que soient les moyens pour y parvenir, le paganisme ne peut que disparaître, la

Après avoir imploré le dieu chrétien de son épouse Clotilde de lui donner la victoire sur les Alamans à la bataille de Tolbiac, le roi des Francs, Clovis (466-511), décide de se convertir au christianisme. Selon l'historien Grégoire de Tours, il reçoit le baptême de l'évêque Rémi le 25 décembre 496 à Reims (ci-contre). La conversion des peuples francs qui pratiquaient jusqu'alors l'arianisme permet une alliance avec les Burgondes chrétiens contre les Alamans et les Wisigoths ariens. La victoire de Vouillé en 507 sur ces derniers voit le triomphe du «nouveau Constantin» à la tête du plus puissant royaume chrétien d'Occident.

reductio ad unum devenant la préoccupation fondamentale de l'Eglise. La diversité est alors synonyme de mal, puis progressivement de déviance, attitude plus pernicieuse qui doit être combattue par Rome d'après saint Paul : «L'homme qui fomente ainsi la division [l'hérétique], avertis-le jusqu'à deux fois, puis, écarte-le, car tu sais qu'un tel homme est perverti et que, persévérant dans son péché, il se condamne lui-même.»

Malgré les bouleversements politiques, le haut Moyen Age ne connaît pas d'hérésies notables. L'effondrement de l'Empire romain et les invasions des peuples barbares acquis à l'arianisme ne peuvent soumettre la foi catholique, en témoignent le

Evêque de Tours en 371, saint Martin (v. 315-397) est présenté par son contemporain Sulpice Sévère comme l'image de la sainteté exemplaire. Le culte de Martin (ci-contre partageant sa chlamyde avec un mendiant) fut célébré du Ve au IXe siècle. Le souvenir de l'ascétisme de cet évêque vivant comme un moine, du secours apporté aux plus pauvres par l'aumône (représentation de mendiants du XVe siècle, ci-dessous), contrastera au cours des siècles suivants avec l'opulence affichée par l'Eglise.

baptême de Clovis (496), la conversion du roi wisigoth Récarède (587) et la réunion des Eglises arienne et catholique au concile de Tolède (589). Le militantisme chrétien s'étend dans l'Empire carolingien et s'impose à toutes les classes de la société où évêques, comtes et autres seigneurs s'inscrivent comme les agents d'un pouvoir à la fois politique et religieux. L'hérésie devient progressivement une double trahison, trahison envers l'Eglise mais aussi envers l'empereur.

La répression des hérésies de l'an mil

L'éclatement du pouvoir politique carolingien et la décadence morale qui frappe l'Occident médiéval autour de l'an mil favorisent une remise en cause de l'ordre social et le

18 LE DOGME ET L'HÉRÉSIE

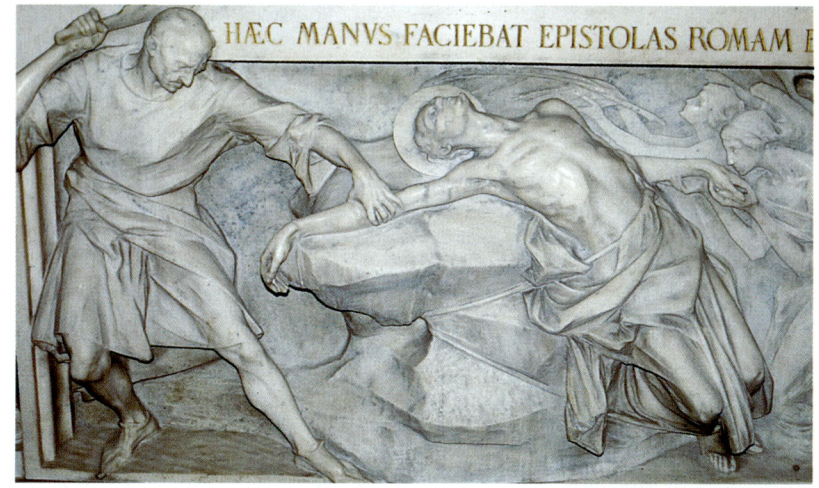

HÆC MANVS FACIEBAT EPISTOLAS ROMAM

développement de contestations religieuses réformatrices. La déchéance du clergé, marquée par les mœurs relâchées des prêtres (nicolaïsme) et le commerce des charges ecclésiastiques (simonie), ne fait qu'accélérer l'ampleur des critiques contre l'Eglise et la recherche d'un retour à la pureté religieuse des premiers temps chrétiens.

L'idéal de vie apostolique, accessible par un détachement radical des valeurs du monde, que revendiquent les premiers hérétiques, surnommés «faux prophètes de l'Apocalypse», semble trouver un écho favorable auprès du peuple. S'il heurte cependant les esprits religieux de l'époque et provoque un raidissement de l'institution, c'est parce que celle-ci s'obstine à considérer que les «nouveautés» ne sont pas une nécessité pour une religion où tout ce qui est utile pour son salut se trouve dans l'héritage de l'Evangile et de l'Antiquité tardive.

Malgré le soutien de Rome, le chef des patarins, Arialdo, est exécuté en 1067 par la population milanaise excédée (ci-dessus).

La fin du XIe siècle voit l'apparition de prédicateurs populaires (ci-contre) qui, dénonçant les vices du clergé, joueront, avec le soutien de Rome, un rôle important dans l'application de la réforme grégorienne.

UN RENOUVEAU SPIRITUEL 19

Tandis que chez les lettrés s'annoncent les prémices d'une renaissance, l'Eglise doit répondre aux aspirations populaires de renouveau spirituel qui se manifestent dès la première moitié du XIe siècle, notamment avec le mouvement patarin italien. Vers 1056, les patarins, qui ne furent pas condamnés tout de suite, proposent la grève liturgique en refusant les sacrements donnés par les mauvais prêtres et en organisant des prédications et des soulèvements à Milan, Plaisance, Crémone et Florence. Ces cités, qui prennent leur distance avec l'orthodoxie romaine et dont les populations font bon accueil à la «pureté apostolique», soutiennent les réformateurs patarins.

Les premiers prédicateurs hérétiques ont déjà pénétré au cœur de la chrétienté romaine par la Lombardie italienne, la Savoie et le Dauphiné. En 1022 s'allume à Orléans, sur pression du roi Robert le Pieux, le premier bûcher. Les victimes sont seize chanoines lettrés «prouvés être manichéens», selon Adémar de Chabannes, cette doctrine ayant été condamnée en 1017 par un concile tenu à Orléans. En 1025, l'évêque Gérard de Cambrai fait à son tour condamner des hérétiques à Arras. Ces mouvements touchent l'Italie, où des hérétiques lombards de Montforte sont brûlés à Milan, en 1028, sur dénonciation de l'archevêque Aribert de Milan, mais aussi l'Allemagne, où l'on pend des religieux dissidents à Goslar, en 1051, sur ordre de l'empereur Henri III. Des bûchers de «manichéens» se dressent à Toulouse et Ravenne dans la même période.

Malgré les insurrections patarines en Italie contre le clergé corrompu, il faudra attendre l'élection de Grégoire VII (1073-1085, ci-dessus) pour voir l'application de la réforme dans l'Eglise. Le concile de Latran (1074), la condamnation des prêtres simoniaques et concubinaires, puis l'excommunication d'Henri IV, empereur du Saint-Empire romain germanique (1076) attesteront la volonté de ce pape d'être le seul juge du spirituel mais aussi du temporel.

Grégoire VII, un pape réformateur

L'Occident de la seconde moitié du XIe siècle, dont les textes ne mentionnent plus d'«hérésie populaire», voit le triomphe de la réforme grégorienne, œuvre de restauration spirituelle de l'Eglise séculière. Les fondations d'ordres religieux – comme celui de Cîteaux en 1098 – se multiplient, encouragées par des prédicateurs

qui obtiennent une large audience dans les populations. Désireux de donner la priorité au spirituel, Grégoire VII met la sacralisation de la société à l'ordre du jour.

Mais la présence de dissidents religieux est une fois de plus établie dès les premières années du XIIe siècle : ce sont à nouveau les patarins en Italie du Nord, les publicains en Champagne ou encore les manichéens en Languedoc. Ces hérétiques dénoncent les vices de l'Eglise dans une prédication agressive, ou revendiquent l'idéal de pauvreté et la nécessité de «suivre nu le Christ nu» (saint Jérôme). Si certains prédicateurs sensibilisent les fidèles aux valeurs évangéliques puis, avec le soutien de la papauté, fondent de nouvelles communautés religieuses, d'autres refusent de revenir dans le giron de l'Eglise et entrent en conflit avec le clergé. Dans certaines régions, le peuple prendra directement part à la répression brutale de ces mouvements, avec le soutien plus ou moins tacite des pouvoirs civils.

Ces actions de justice populaire spontanées inquiètent l'Eglise qui ne peut les contrôler. En 1114, les dissidents de Soissons sont sauvagement tués. Ne sachant quelle position adopter, l'évêque Lisiard avait fait arrêter les hérétiques et décidé de prendre conseil au synode de Beauvais. Mais la foule en colère, n'attendant pas la décision de son évêque, s'empara des prisonniers pour les brûler hors de la ville. Des incidents similaires surviennent en 1135 à Liège, où l'évêque

Menacée par le développement des hérésies qui se propagent dans tout l'Occident chrétien, l'Eglise se devait de réagir en protégeant les dogmes encore fragiles du christianisme par des décisions conciliaires et l'action des ordres religieux. dans «la forteresse de la foi», que rappelle cette allégorie du XIVe siècle.

CANALISER LA VIOLENCE POPULAIRE 21

Albéron parvient à sauver quelques hérétiques devant une foule haineuse, ainsi qu'à Cologne, vers 1144, où des hérétiques sont brûlés malgré l'intervention de l'archevêque de la ville. Vers 1138, c'est un ancien prêtre, Pierre de Bruis, qui, prêchant le rejet de tous les aspects matériels de la religion chrétienne, est jeté par les habitants de Saint-Gilles-du-Gard dans le bûcher qu'il avait lui-même allumé pour brûler des crucifix arrachés aux églises. La révolte du chanoine Arnaud de Brescia illustre la contestation religieuse qui refuse toute concession au clergé romain. Il est condamné en 1140 par le concile de Sens. Réfugié en Suisse puis en Italie, il sait trouver un écho favorable auprès des populations romaines, établit la république en 1145, obligeant le pape Eugène III à fuir, et déclenche le pillage des palais pontificaux. L'intervention impériale met fin à cette manifestation de radicalisme chrétien issu du mouvement patarin. Le prophète est arrêté puis livré à la papauté. Le préfet de Rome le fait brûler en 1155 avec ses disciples.

L'Eglise s'organise contre l'hérésie

Le manque d'uniformité des réactions du clergé local, voire l'indulgence ou l'absence de décisions épiscopales, provoquent une réflexion de la papauté et des princes sur la possible organisation d'une cohésion religieuse et politique, à l'encontre des mouvements hérétiques. Impuissante en raison de la dispersion de ses pouvoirs, l'Eglise doit imposer une réaction à tous les échelons et canaliser les flambées de violence populaire, comme l'affirme le cistercien Bernard de Clairvaux : «Nous approuvons le zèle du peuple, mais nous ne conseillons pas ce qu'il a fait car la foi est une œuvre de persuasion et ne s'impose pas par la force.» Progressivement, l'Eglise va se structurer et affirmer son autorité sur les clergés locaux par l'intermédiaire des

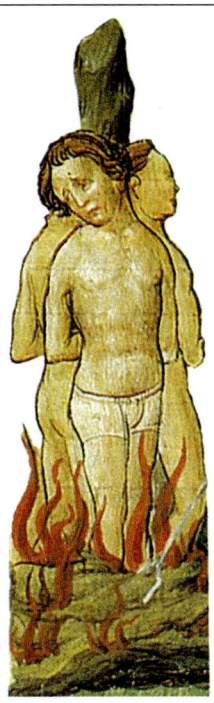

Mise en place au XIe siècle par l'empereur Frédéric II pour les hérétiques, la peine du feu est adoptée par les autorités ecclésiastiques deux siècles plus tard. Le bûcher purifie en détruisant la «pestilance hérétique», forte symbolique, que l'Inquisition ne manquera pas d'utiliser, dans un but dissuasif (susciter l'abjuration du déposant), ou répressif, en brûlant l'hérétique convaincu, vif ou mort, et entraînant de ce fait sa damnation éternelle.

légats pontificaux et des ordres religieux, notamment les Cisterciens. La mise en place parallèle d'un cadre plus strict de la pratique religieuse et sacramentelle permet de mieux repérer les déviants afin de les sanctionner.

Si les conciles de Montpellier (1062) et de Toulouse (1119) réclament l'intervention des pouvoirs séculiers, sans toutefois en préciser la nature, les évêques sont rappelés à l'ordre au concile de Reims de 1157 qui les met à contribution dans la traque des hérétiques en leur confiant la direction d'enquêtes minutieuses dans leurs diocèses. En 1163, le concile de Tours, présidé par le pape Alexandre III, décide de l'excommunication des hérétiques, mais aussi de leur emprisonnement et de la confiscation de leurs biens avec l'aide des officiers royaux. Le soutien du pouvoir temporel à l'action de l'Eglise, dont les intérêts convergent souvent, apparaît clairement : c'est à la demande du roi Louis VII, qui avait signalé au pape la présence d'hérétiques dans les Flandres, que le concile de Tours se réunit.

Les conciles de Latran III et Vérone posent les jalons de la procédure inquisitoriale

Le roi Henri II d'Angleterre interdit toute aide aux hérétiques qu'il avait condamnés à Oxford, en 1166, et les premières exécutions d'hérétiques bourguignons se déroulent à Vézelay en 1167. Mais ce n'est qu'en 1179, lors du concile de Latran III, que les procédures d'inquisition épiscopale sont vraiment élaborées. Convoqué à la suite de la mission toulousaine de l'abbé de Clairvaux Henri de Marcy, le concile prend officiellement acte de la présence de mouvements déviants en Occident. Par le canon 27, il est rappelé

Dans la religion chrétienne, le concile œcuménique est une assemblée représentative de l'Eglise universelle, qui réunit archevêques et évêques pour discuter des questions de doctrine et de discipline religieuses (ci-dessus). Généralement convoqués par le pape, les conciles dominent la vie de l'Eglise à partir du VIe siècle, même si leur fréquence est très inégale, comme le nombre des participants. Jusqu'à la réforme grégorienne, les papes auront des difficultés à imposer leur autorité à ces assemblées conciliaires en cas de conflits. Durant les XIIe et XIIIe siècles, les conciles seront à la base de la répression des dissidences, et condamneront généralement toute approche spirituelle novatrice au nom de la défense de la foi.

que tous les hérétiques sont excommuniés et qu'une croisade peut être menée contre eux. En 1184, la conférence de Vérone travaille à l'évolution du système répressif. Autour du pape Lucius III et de l'empereur Frédéric Ier Barberousse, les évêques et les barons définissent les principes d'enquête, de condamnation et de destruction de tout mouvement hérétique. Ce sont les premières mesures prises contre les communautés hérétiques à l'échelle de la chrétienté. L'édit de Vérone énonce une liste de punitions «méritées» par les hérétiques, le châtiment réclamé n'étant pas nécessairement la peine de mort. C'est l'aspect répressif qui domine dans les Décrétales élaborées après Vérone : en excommuniant tous ceux qui prêchent autrement que l'Eglise romaine, la Décrétale de Lucius III apparaît très discriminatoire. Pour Rome, il est désormais impératif d'agir rapidement contre tout déviant, l'hérésie s'identifiant à un acte responsable donc condamnable.

La reconnaissance du pape Alexandre III (1159-1181) par l'empereur Frédéric Ier lors de l'entrevue de Venise en juillet 1177 (ci-dessous) mit fin à un schisme de dix-huit ans, scella la paix entre l'Empire et la papauté et provoqua le retour du pontife à Rome en 1178. Un an après, afin d'affirmer le renouveau de l'unité de l'Eglise, Alexandre III organisera le concile de Latran III, un des plus importants du Moyen Age. Ses décrets seront à l'origine de la première législation inquisitoriale.

En 1233, la papauté, consciente des défaillances du clergé séculier face aux hérésies qui «gangrènent» l'Occident médiéval, décide de créer une institution répressive placée sous son contrôle direct : l'Inquisition. Les cathares, premiers à susciter l'intérêt de ce tribunal de la foi, seront poursuivis et condamnés. Vaudois, béguins et spirituels subiront un sort analogue.

CHAPITRE II
L'INQUISITION MÉDIÉVALE

En confiant l'Inquisition aux Dominicains (à gauche), Grégoire IX espérait-il assurer la défense de la foi et la reconquête des âmes par la persuasion? C'est pourtant le bûcher dessiné par un greffier qui deviendra le symbole de l'Inquisition et de son pouvoir coercitif.

Le radicalisme évangélique et le mouvement réformateur grégorien du XIIe siècle ébranlent l'ordre ecclésiastique établi. Parallèlement au développement du catharisme dans le Languedoc, apparaissent plusieurs mouvements se réclamant de l'Evangile ou dénonçant les liens de l'Eglise avec le temporel et sa richesse matérielle. Devant ces dissidences et la faveur qu'elles rencontrent auprès des populations, Rome n'a pour principales réponses que la condamnation par les tribunaux inquisitoriaux ou l'intégration au sein de l'orthodoxie, par la création de nouveaux ordres religieux et de communautés sous contrôle, rattachées à l'Eglise.

La découverte du phénomène cathare

En 1145, Bernard de Clairvaux arrive dans le Toulousain à la tête d'une mission de prélats et découvre à Verfeil l'ampleur du phénomène cathare. L'ordre de Cîteaux connaît pourtant ce mouvement dissident influent qui revendique une filiation apostolique, prône le dualisme et rejette les principaux sacrements de l'Eglise à l'exception du baptême. Les premiers sermons cisterciens contre les «albigeois» (initialement les cathares sont implantés dans la région d'Albi) serviront de base théorique à l'Inquisition. Au début cependant, ils n'ont guère d'efficacité. Soutenus par l'aristocratie occitane, les «bonshommes» ou «parfaits», ainsi qu'ils se nomment eux-mêmes, défient les prélats catholiques dans un débat contradictoire tenu à Lombers, en 1165, puis apparaissent impunément au grand jour lors du concile cathare de Saint-Félix-du-Lauraguais, en 1167 – dont on doute aujourd'hui qu'il se soit vraiment tenu –, première

Les origines de la religion cathare se situent probablement en Orient vers le Xe siècle chez les «bogomiles», hérétiques persécutés à Constantinople au début du XIe siècle.

Les stèles discoïdales retrouvées en Lauraguais (à droite), mais aussi dans différents Etats d'Europe centrale, ont été longtemps considérées comme des croix marquant de probables sépultures cathares. Hypothèse vraisemblablement erronée, car l'Inquisition avait pour principe de détruire toutes les tombes et les traces de sépultures hérétiques.

Bernard de Clairvaux (ci-contre, écrivant, et page de gauche en bas, soutenant symboliquement l'Eglise) fut l'un des plus grands prédicateurs du Moyen Age. Fondateur et abbé de l'abbaye de Clairvaux, il interviendra dans les affaires du siècle malgré sa condition de moine et luttera notamment contre les dissidences, condamnant Abélard et Arnaud de Brescia ou réfutant les thèses sur la Trinité de Gilbert de la Porrée (1147). Son intervention en Languedoc lui permettra de mieux cerner le catharisme sans pour autant réussir à le circonscrire.

assemblée des Eglises hérétiques d'Occident, présidée par l'évêque bogomile Nicétas de Constantinople.

L'affirmation des hérésies vaudoises et cathares

Rome ne peut accepter cette montée dissidente en Languedoc, où les «parfaits», comme à Montréal, brisent la prédication catholique des cisterciens Raoul de Frontfroide et Pierre de Castelnau. Tandis que se développent Eglises et communautés cathares en Lombardie, en Toscane ou encore en Provence, un riche commerçant dauphinois installé à Lyon, Pierre Valdès, découvrant la fragilité des biens terrestres offre ses richesses aux pauvres et rassemble autour de lui des catholiques décidés à lutter contre le luxe ecclésiastique par la prédication. Ceux que l'on nomme désormais les «pauvres de Lyon» rejettent rapidement toute autorité religieuse.

Peu d'écrits hérétiques nous sont parvenus. Quelques rituels (à droite, rituel cathare du XIIIe siècle) et des bibles (ci-dessus, bible vaudoise du XIVe siècle) sont les rares témoignages de la production écrite de ces mouvements dissidents.

Soutenus par les populations exaspérées par les privilèges épiscopaux et monastiques, les «vaudois» se répandent à leur tour en Provence, puis dans le Dauphiné, en Italie du Nord et en Catalogne. Si Pierre Valdès reçoit à Rome un soutien en demi-teinte du pape Alexandre III lors du concile de Latran III (1179), les vaudois seront néanmoins excommuniés en 1182 et condamnés comme hérétiques à Vérone en 1184. Plus réformateurs de l'Eglise que déviants sur le plan doctrinal, ils sont obligés de fuir vers les vallées suisses, la France du Nord-Est ou la vallée du Rhin.

La croisade contre les albigeois : l'échec du glaive

Le pape Innocent III, après avoir promulgué la bulle *Vergentis in senium* (1199) qui compare l'hérésie au crime de lèse-majesté, lance un appel à la croisade contre les hérétiques en 1209, après l'assassinat de son légat Pierre de Castelnau. Bénéficiant ainsi de l'appui du bras séculier, Rome espère extirper l'hérésie du midi de la France. Menés par les grands seigneurs du nord de la France, dont Simon de Monfort, les croisés menacent les dissidents cathares et en éliminent un bon nombre à Minerve et Lavaur (1211). Malgré la victoire de Muret en 1213, qui voit la déroute du comte Raymond VI de Toulouse, protecteur du catharisme, la croisade tourne à l'échec pour Simon, devenu chef des croisés. Après la destitution de Raymond VI de tous ses droits par le concile Latran IV, en 1215, Simon de Montfort est investi comte de Toulouse par le pape. La guerre de libération de Raymond VI et de son fils (1216) puis la mort de Simon en 1218, devant Toulouse, ébranlent la jeune dynastie des Montfort qui doit faire appel au roi de France. En 1226, Louis VIII lance la croisade royale qui écrase rapidement la résistance des princes occitans, soutenus par des populations éprouvées par la guerre.

Le pape Innocent III (1198-1216), ci-dessous, reste le symbole de la puissance de l'Eglise sur l'Occident chrétien du XIIIe siècle. Les limites de son autorité apparaîtront dans le règlement des affaires temporelles : la croisade des albigeois fut un échec personnel en raison des excès commis par les croisés sur les terres du comte de Toulouse (à gauche, sceau de Raymond VI).

LA RÉPONSE DE L'ÉGLISE AU CATHARISME 29

Massacres de population par les croisés, destruction de châteaux et prise de villes (ci-contre, miniature de la prise de Carcassonne par les croisés en 1209) sont les conséquences militaires des croisades successives qui dévastèrent le Languedoc. Les bûchers collectifs et la violence de la répression ne viendront cependant pas à bout de l'Eglise cathare.

Comme son père Raymond VI, excommunié après l'assassinat de Pierre de Castelnau et qui reçut la flagellation en 1209 en l'église de Saint-Gilles (ci-dessous), Raymond VII fera pénitence publique en la nouvelle cathédrale de Paris, le 12 avril 1229, frappé de verges par le cardinal-légat Romain de Saint-Ange, initiateur du concile de Toulouse de la même année.

Tout en soumettant l'aristocratie languedocienne, dans sa majorité gagnée à la cause cathare, le roi de France interdit les hérétiques de charges publiques et confisque leurs biens. Le Languedoc est exsangue et la clandestinité devient une nécessité pour la survie des Eglises cathares.

En 1229, le traité de Meaux-Paris entérine la soumission de Raymond VII à Louis IX et l'occupation du Languedoc par les barons du Nord. Succès politique pour le roi de France, la croisade reste un échec religieux.

Latran IV et Toulouse élaborent un outil répressif, base de l'Inquisition

Lors du IVe concile de Latran, en 1215, l'inefficacité de la prédication cistercienne est constatée par Innocent III. Le concile réaffirme la condamnation des hérésies et des théologies déviantes, mais surtout propose un nouveau mode de procédure criminelle, dite «procédure d'office». Fondée sur la délation et le soupçon, elle permet d'entamer un procès contre une personne sans que celle-ci soit l'objet d'accusations précises, d'entendre des témoins et de prononcer des condamnations : bannissement, confiscation des biens et exclusion de la vie civile.

Sous le pontificat de Grégoire IX (1227-1241), certains conciles provinciaux proposent déjà les bases d'une procédure judiciaire spécifique aux hérétiques. En 1229, le concile de Toulouse, constatant la fragilité de la situation religieuse en Languedoc, demande la fondation d'une université à Toulouse, pour former

Encouragés par Rome, les conciles languedociens du XIIIe siècle préparent la défense de l'Eglise et de la foi. En 1233, le concile de Béziers réclamera le soutien du clergé et des listes de suspects (page de droite et détail ci-dessous) seront remises aux évêques.

des religieux à la lutte contre le catharisme. Il réclame aussi la mise en place d'une procédure de traque contre les dissidents. Quarante-cinq canons, reprenant les dispositions de Latran IV, sont alors proposés pour codifier les principes de la répression et affiner la définition de l'identité hérétique. Des commissions sont établies dans chaque paroisse et des lois anti-hérétiques sont édictées, ordonnant entre autres la destruction des habitations ayant abrité des cathares; la confession et la communion sont rendues obligatoires trois fois l'an et tout hérétique ou suspect d'hérésie doit être signalé. Malgré le climat de crainte et de délation qui s'instaure, il manque en Languedoc un personnel compétent pour organiser la lutte contre les cathares. Sa mise en place devient une nécessité pour Rome.

La solution par le feu

Confier l'«affaire de la foi» à des religieux indépendants des autorités épiscopales peu zélées conduit la papauté à réfléchir à la mise en place d'une institution répressive dotée de pouvoirs spéciaux. Dès 1231, Grégoire IX mandate un moine prédicateur, Conrad de Marbourg, pour traquer les dissidences religieuses en Rhénanie. Contestée par l'épiscopat rhénan, son action anti-hérétique violente provoque son assassinat par un franciscain en 1233.

A l'exemple de Conrad de Marbourg en Rhénanie, le dominicain Robert le Bougre est chargé en 1235 par Rome de poursuivre les hérétiques dans la France septentrionale. La répression brutale qu'il mène lui vaut le surnom de «marteau des hérétiques» (*malleus haereticorum*). Il organise de nombreux bûchers, dont celui du Mont-Aimé en Champagne, où périssent plus de cent quarante cathares (1239). Suspendu de sa charge, il sera emprisonné pour ses abus après enquête pontificale. Ces événements amèneront Grégoire IX et ses successeurs à réfléchir sur la nécessité d'une codification de la répression afin d'éviter les abus de la part des inquisiteurs et les hostilités populaires.

APPEL À LA DÉLATION 31

De Cambo.

Anno et die pdca. Ramunda uxor Ramundi Garrigue. t. jur. dix idem.
Anno et die pdca. Bnarda de la Bana. t. jur. dix idem.
Anno et die pdca. P. Sichardi. t. jur. dix idem.
Anno et die pdca. Ramundi Stephi. t. jur. dix idem.
Anno et die pdca. Willma Maurelli. t. jur. dix idem.
Anno et die pdca. Bnardi Bere. t. jur. dix idem.
Anno et die pdca. Ramundi porter. t. jur. dix idem.
Anno et die pdca. Johnes Ainerij. t. jur. dix idem.
Anno et die pdca. Arnalda uxor quond. B. de fraxino. t. jur. dix
Anno et die pdca. Ram[...]
Anno et die pdca. Em[...] B. ca[...]
castrs de Cambo. p. fra[...] Inqui[...]
Anno et die pdca. quo s[...] em. m[...]
Anno et die quo sup[...]
Anno et die p quo supz[...]
Anno et die quo sup. J[...] por s[...]
P. frisapni et fili. bna[...]
Anno quo supza. XV. kal[...] jur. di[...]
Anno et die pdca. Gil[...]
Anno et die pdca. poncs a[...]
Anno et die pdca. Johnes gasc. t. jur. dix idem.
Anno et die pdca. B. de Lheu. t. jur. dix idem.
Anno et die pdca. petri ar. t. jur. dix idem.
Anno et die pdca. Willma de fla Raina. t. jur. dix idem.
Anno et die pdca. Bnardi poe. t. jur. dix idem.
Anno et die pdca. Anno et die pdca. Jacobi del cossal. t. jur.
Anno et die pdca. Ar. de Romanesca. t. jur. dix mch.
Anno et die pdca. Guillmi nauroner. dix idem.
Anno et die pdca. poncs de gauuada. t. jur. dix idem.

Consciente de ce genre de «dérive», la papauté doit néanmoins rétablir l'orthodoxie en Languedoc. L'inefficacité du clergé local amène le pape à utiliser les compétences missionnaires des nouveaux ordres mendiants; il se tourne vers les Dominicains. Le fondateur de l'ordre, Dominique de Guzman, avait en effet réussi à s'imposer à des dignitaires de l'Eglise cathare lors de débats contradictoires à Montréal, où quelque cent cinquante hérétiques s'étaient convertis durant les discussions.

C'est par la bulle, acte pontifical de première importance, que Rome s'adresse régulièrement aux inquisiteurs en Languedoc (ci-dessous, bulle du pape Innocent IV renouvelant le mandat des inquisiteurs dominicains en 1252).

La création de l'Inquisition

En avril 1233, la bulle de Grégoire IX *Ille humani generis* consacre officiellement la naissance de l'Inquisition pontificale, tribunal chargé spécialement de la lutte contre les hérésies. Par la constitution *Excommunicamus* de Grégoire IX pour la France, l'Allemagne et l'Aragon, le pape décharge les évêques de la poursuite des hérétiques et de leur pouvoir de juger. Ces pouvoirs sont essentiellement confiés à l'ordre des Dominicains, dont les frères reçoivent une délégation générale pour l'exercice de cet office, appuyé par les Franciscains. Dès cette date les inquisiteurs disposent de pouvoirs spéciaux comme la condamnation de tout suspect à des peines de prison perpétuelle et l'exhumation des cadavres des suspects de catharisme pour qu'ils soient brûlés.

L'affrontement entre l'Inquisition et les cathares en Languedoc

En Languedoc, les premiers inquisiteurs désignés par Rome, Guillaume Arnaud et Pierre Sellan,

mettent en place des tribunaux et commencent dès 1233 à Toulouse leur «enquête sur la perversité hérétique». Mais les sanctions prises font preuve d'une rigueur exagérée et d'une maladresse évidente : les consuls de la cité, personnalités politiques de premier ordre, sont ainsi condamnés pour leur soutien aux cathares. Des bûchers et des exhumations de cadavres sont organisés, des condamnations à la prison ou à des pèlerinages expiatoires sont prononcées par les inquisiteurs.

Si le «miracle du livre» – épisode légendaire dans lequel,

Les premiers conflits ne tardent pas à éclater dans Albi, en 1234, puis à Toulouse, en 1235, où les inquisiteurs puis les Dominicains sont chassés. Les contestations des évêques, qui souhaitent préserver leurs prérogatives traditionnelles en matière de justice, ainsi que l'attitude de Raymond VII, qui par ailleurs apporte son soutien à Rome dans le contentieux politique avec l'empereur Frédéric II, entraînent l'arrêt provisoire, en 1238, de l'activité inquisitoriale en Languedoc, sur une décision du pape Grégoire IX. Malgré l'opposition comtale, les inquisiteurs reviennent en 1241 et menacent de nouveau les communautés cathares. En mai 1242, l'assassinat des

lors d'un échange théologique, le feu rejeta les écrits du prédicateur mais consuma les livres des hérétiques (ci-contre) – participa à la notoriété de l'ordre des Prêcheurs (ou Dominicains), c'est l'intense activité pastorale de saint Dominique qui amena Rome à choisir l'ordre pour organiser l'Inquisition. La contre-prédication dominicaine ne suffira cependant pas pour réduire l'hérésie et les inquisiteurs devront attendre la reddition militaire de la forteresse de Montségur (ci-dessus) pour s'imposer. Enquêtes et interrogatoires permettront alors aux ordres mendiants un fichage quasi exhaustif des populations languedociennes.

inquisiteurs Guillaume Arnaud et Etienne de Saint-Thibéry, à Avignonnet, n'arrête pas l'Inquisition dans son action répressive. La prise de Montségur, dernier bastion de résistance militaire et religieuse, par les troupes du sénéchal de Carcassonne, en mars 1244, permet à l'Inquisition de décapiter le mouvement cathare. Si une nouvelle suspension de l'action des inquisiteurs intervient en 1249, au profit des évêques qui se révèlent peu compétents, les Dominicains reviennent en Languedoc en 1255 avec le soutien du pape Alexandre IV. Grâce à l'archivage des enquêtes, les réseaux de la diaspora cathare (notamment en Lombardie) sont étudiés et infiltrés. Des suspects déjà interrogés mais laissés en liberté sont de nouveau appelés devant l'inquisiteur.

Les communautés vaudoises en Languedoc et en Lombardie subissent aussi les enquêtes des inquisiteurs mais les condamnations sont moins sévères. Bon nombre des disciples de Pierre Valdès ont en effet rejoint le giron de l'Eglise sous le nom de «pauvres catholiques», afin d'éviter l'Inquisition, qui connaît bien l'hérésie vaudoise grâce, entre autres, aux enquêtes du dominicain Etienne de Bourbon. Dans le Toulousain, des abjurations générales seront parfois proclamées et la région se soumettra avec bonne volonté aux enquêtes de l'Inquisition.

L'épisode carcassonnais

Il n'en est pas de même pour la région carcassonnaise. De 1283 à 1286, l'inquisiteur Jean Galand découvre, après de nombreux interrogatoires, la persistance d'une forte dissidence cathare. Plus de neuf cents suspects sont dénoncés, dont une grande majorité de dignitaires ecclésiastiques, de nobles et de personnalités de Carcassonne. L'émotion est grande chez les inquisiteurs qui croyaient les derniers hérétiques aux abois. Arrêtés, les suspects sont jetés en prison sans procédure. La mobilisation des autorités de la cité en

À la fin du XIIIe siècle, l'Inquisition est fortement contestée. L'importance des registres de dépositions (ci-dessous), qui dénoncent des suspects jusqu'alors protégés, les attaques de l'institution contre les notables et le zèle de ses fonctionnaires sont autant de raisons de s'en prendre aux inquisiteurs. Des mouvements insurrectionnels éclateront ainsi à Albi, Limoux et Cordes. En 1305, la royauté interviendra au profit de l'Inquisition : les cités rebelles seront condamnées et les prisonniers libérés par la foule rejoindront leurs cachots.

1285, l'intervention du roi Philippe le Bel aboutissent à la révocation de l'inquisiteur, afin d'éviter tout danger d'agitation. Son successeur, Guillaume de Saint-Seine, confirme néanmoins les résultats des enquêtes et augmente la liste des suspects. En 1293, son remplacement par Nicolas d'Abbeville déclenche le soulèvement des populations menées par le franciscain Bernard Délicieux. C'est finalement Geoffroy d'Ablis, nouvel inquisiteur nommé en 1303, qui calme les esprits et prend acte des décisions du concile de Vienne de 1312, lequel officialise le droit de regard de l'évêque sur le travail de l'inquisiteur.

Emmenée par le franciscain Bernard Délicieux, l'opposition populaire attaque à plusieurs reprises la Maison de l'Inquisition à Carcassonne et tente de délivrer les prisonniers des cachots (ci-dessus). Rappelé à l'ordre par l'Eglise, arrêté et condamné en 1318 lors du concile de Lyon, Délicieux mourra en prison en 1320.

Recherchés par l'Inquisition, les vaudois du Languedoc subissent interrogatoires et bûchers (ci-dessous), les obligeant à partir pour les régions du centre de l'Europe. Installées en Bohême, mais aussi en Autriche, en Poméranie et dans le Brandebourg, les communautés vaudoises survivront malgré la présence inquisitoriale et participeront à la Réforme.

L'extinction du catharisme en Languedoc

En 1317, Jacques Fournier, futur pape sous le nom de Benoît XII, inquisiteur délégué et évêque du diocèse de Pamiers, ne rencontre plus beaucoup d'hérétiques si ce n'est des cathares aux croyances teintées d'un certain paganisme dans le village de Montaillou. En 1321, l'arrestation sur dénonciation du dernier parfait cathare, Guihem Bélibaste et sa mort sur le bûcher à Villerouge-Termenès annoncent la disparition du catharisme et témoignent d'un quadrillage complet du Languedoc par l'Inquisition. Dans les années 1324-1325, les inquisiteurs Pierre Brun et Jean Duprat ne font que poursuivre, arrêter et brûler les derniers survivants d'une religion moribonde, qui s'éteindra d'elle-même et non sous les coups de l'Inquisition. Quant aux vaudois, du moins ceux qui ne sont pas rentrés dans le «droit chemin», leur fuite en Bohême permet la survie du mouvement après le XIIIe siècle. La désignation d'inquisiteurs épiscopaux, les bûchers de 1315 puis une nouvelle nomination d'inquisiteurs pontificaux à Cracovie et à Prague ne parviennent pas à mettre au pas les réfractaires à l'orthodoxie, qui vont jusqu'à assassiner un inquisiteur dominicain en 1341. L'université de Prague, fondée en 1347 par le pape Clément IV et l'empereur Charles IV, ne permettra pas d'atténuer l'insuffisance théologique du clergé local et le rejet général de l'autoritarisme pontifical.

Juriste confirmé, et auteur du *Liber Extra*, collection canonique réalisée à la demande de Grégoire IX, l'Espagnol Raymond de Peñafort (page de gauche) travaille à plusieurs reprises avec les inquisiteurs auxquels il laisse, en 1234, la *Summa de casibus paenitentia*, œuvre de droit canon abordant notamment les hérésies, et surtout le *Directorium*, qu'il élabore vers 1242 dans un dessein pratique : présenter une réglementation à l'usage des inquisiteurs.

Persistance cathare en Catalogne et en Italie

Si les premiers cathares qui se regroupent en Navarre et en Aragon sont mis en quarantaine par les populations et le clergé, il n'en est pas de même en Catalogne. Nombreux sont les cathares qui y trouvent refuge malgré les menaces aragonaises, la couronne comtale de Barcelone relevant du roi Jacques Ier d'Aragon. En 1232, ce dernier, après avoir fait appel à Rome, reçoit le concours de l'archevêque de Tarragone, qui installe une Inquisition générale en Aragon, puis en Navarre, en 1238. En 1242, le concile de Tarragone organise officiellement la lutte contre l'hérésie, adoptant le code inquisitorial établi en 1235 par le dominicain Raymond de Peñafort. Quelques bûchers s'allument sur initiative royale, mais seules les procédures dites posthumes traduisent l'action inquisitoriale jusqu'au début du XIVe siècle. En 1255, la Castille est à son tour touchée par l'Inquisition et par *El Fuero real*, nouveau code répressif à l'égard des hérétiques, promulgué par le roi Alphonse le Sage. Ainsi, de 1302 à 1314, les cathares ayant échappé à

Confesseur en 1230 du roi de Castille et de Leon, Alphonse X le Sage (ci-dessus entouré de ses conseillers), Raymond de Peñafort ne serait pas étranger à l'élaboration du corpus de textes juridiques *El Fuero real*.

l'Inquisition languedocienne finissent sur les bûchers aragonais. La nomination du dominicain Nicolas Eymerich comme inquisiteur d'Aragon, en 1356, renforce la puissance de l'Eglise et de l'orthodoxie.

Le morcellement politique de l'Italie favorise l'implantation des communautés cathares, surtout en Lombardie. Au début du XIIIe siècle, elles subissent l'édit impérial de Padoue, qui crée une institution civile pré-inquisitoriale. En 1224, les premières poursuites contre les hérétiques sont ordonnées par le pape Honorius III et, en 1228, le légat pontifical Geoffroi s'intéresse aux hérétiques milanais. Quant aux premiers inquisiteurs mandatés, ils sont nommés par Grégoire IX, dès avant la bulle *Ille humani generis*, en 1231 à Florence, en 1232 pour la Lombardie et en 1233 pour Milan. Cette même année, soixante hérétiques sont brûlés à Trévise par l'inquisiteur Jean de Vicence. Mais l'assassinat, en 1252, de l'inquisiteur milanais, le dominicain Pierre de Vérone, provoque une vive réaction du pape Innocent IV. L'Inquisition s'installe dans la République de Gênes l'année suivante, puis, en 1258, en Toscane et en Campanie. Seule Venise est épargnée, sa puissance et sa richesse lui permettant de se faire craindre de Rome et de proposer ses propres méthodes de lutte contre les hérétiques aux négociateurs romains venus en 1289.

L'idéal de pauvreté évangélique revendiqué par saint François (ci-dessous) se retrouve dans l'ordre des Frères mineurs (ou Franciscains) qu'il a fait reconnaître par Innocent III en 1209. La rédaction d'une règle, en 1223, entraîne des dissensions internes qui éclateront vers 1274. Les spirituels, qui vouent fidélité aux intentions de pauvreté de saint François et sont influencés par la réflexion apocalyptique de Joachim de Flore – l'avènement de l'âge de l'Esprit et de l'Eglise spirituelle – ne pourront pas s'imposer face aux conventuels évoluant avec l'Ordre.

Les béguins deviennent des hérétiques

Ayant éliminé les présences cathares et vaudoises dans le midi de la France, l'Inquisition doit aussi répondre à la fin du XIIIe siècle aux exigences pontificales concernant les béguins et les spirituels, mouvements hétérodoxes qui se sont développés mais qui ne sont plus tolérables par la papauté, notamment pour leur prédication en faveur d'une pauvreté absolue et volontaire.

Dans le nord de l'Europe, le mouvement béguinal, phénomène urbain, touche tout d'abord les femmes, qui fondent des communautés à Bâle, à Strasbourg et à Cologne, encore attestées au XIV siècle. En 1216, la papauté approuve ces communautés de femmes qui vivent en religieuses mais restent laïques et, en 1233, leur offre sa protection. Le roi de France Louis IX créera même un béguinage à Paris, en 1264. La place intermédiaire prise par les béguines ne satisfait cependant ni les clercs, qui ne peuvent contrôler ces *mulieres religiosae*, ni les laïcs, qui dénoncent l'hypocrisie du mouvement. L'Eglise décide alors de reprendre en main ces communautés en les condamnant dans certaines régions, comme en Rhénanie, dès le XIII siècle, ou en les intégrant au sein de l'Eglise, leur proposant d'adopter la règle de saint Augustin. En 1299, le concile de Béziers condamne les béguines récalcitrantes tandis que, dans les Flandres, autorités épiscopales et publiques procèdent à leur enfermement dans des lieux particuliers, les «béguinages», visités régulièrement

L'indépendance religieuse des béguines a très tôt menacé l'Eglise. Au service de Dieu, ne possédant ni règle ni vœux monastiques, ces laïques dépendront souvent de l'autorité spirituelle des Dominicains. Ce sont leurs écrits mystiques et la relation directe avec Dieu qu'elles revendiquent qui entraînent leur condamnation ou leur réclusion. Une des figures de la mystique féminine au Moyen Age fut la béguine Mechthilde de Magdebourg (ci-dessous au milieu de sa communauté) dont les expériences spirituelles furent publiées par son confesseur dominicain, Heinrich von Halle.

par les évêques de l'ordinaire. A partir de 1317, les béguins languedociens, sont condamnés puis pourchassés par l'Inquisition en raison de leurs liens avec les franciscains spirituels considérés comme des hérétiques à cette date. Des bûchers sont attestés en 1321 à Lunel, puis à Béziers et Narbonne (1322), où seize béguins et béguines sont jetés aux flammes. Alors que le mouvement béguin s'éteint brutalement dans le midi de la France, vers 1329, les béguinages du Nord survivront au-delà du XIVe siècle.

Les dissidences franciscaines

Lors du concile de Lyon de 1274, des franciscains gagnés à l'idée d'une vie de pauvreté absolue (*usus pauper*) fondée sur la règle de saint François et les théories de Joachim de Flore, constituent un mouvement critique de l'Eglise romaine encore trop attachée aux biens de ce monde. Ils prendront le nom de spirituels. Implantés dans la Marche d'Ancône, en Toscane et dans le midi de la France, ils reconnaissent l'autorité de trois chefs : Ange Clareno, Ubertin de Casale et Pierre de Jean Olieu.

Les spirituels de Clareno (Marche d'Ancône) sont bientôt emprisonnés puis relâchés en 1289 avant d'être envoyés en Arménie. Persécutés à leur retour par le pape Boniface VIII, ils fuient en Grèce. La mort de Pierre de Jean Olieu, en 1298, et les départs pour la vie érémitique d'Ubertin de Casale et d'Ange Clareno affaiblissent le mouvement spirituel. Celui-ci se fragmente en de multiples groupes dont les principaux sont les fraticelles, qui accusent le pape Jean XXII (1316-1334) d'hérésie, et les pseudo-apôtres italiens de Fra Dolcino de Novare, qui sont éliminés dès 1307. Le décret *Exivi de paradiso*, publié au concile de Vienne le 6 mai 1312, intime aux spirituels de Provence d'obéir à leurs supérieurs franciscains. Ces mesures

Le spirituel Fra Dolcino résistera les armes à la main dans le Piémont durant l'hiver 1306-1307. Capturé lors de la croisade lancé contre lui par Clément V, il mourra sous la torture en mars 1307. Dans l'*Enfer*, Dante raconte la fin de cet apostolique militant (ci-dessus) «Dis à Fra Dolcino, pendant qu'il fait la guerre [...] qu'il se fournisse bien, de peur que son armée ne périsse bientôt dans la neige affamée.»

répressives entraînent l'opposition ouverte des spirituels les plus virulents, dont Bernard Délicieux. Condamnés définitivement par les bulles pontificales *Quorundam exigit* de 1317 et 1318, la plupart des spirituels sont arrêtés en Languedoc. Soixante-trois d'entre eux comparaissent devant le pape; vingt-cinq sont livrés à l'Inquisition et quatre sont brûlés à Marseille en mai 1318. Les derniers spirituels finiront sur le bûcher, en Catalogne (1319-1320) et dans la vallée du Rhône.

La défaite des béguins et des spirituels consacre la puissance de l'Eglise, désormais installée en Avignon, et de son outil répressif, l'Inquisition. Critiquée dans ses premiers moments, menacée et désavouée tout au long du XIIIe siècle, l'institution inquisitoriale a cependant obtenu des succès. Si l'effacement du catharisme ne peut pas lui être totalement imputé, la répression contre les béguins et la mise au pas des spirituels s'inscrivent comme des succès réels dans son action pour la défense de l'unité de l'Eglise et de l'orthodoxie. La meilleure preuve en est la codification de la procédure inquisitoriale, parfaitement construite à l'époque de l'inquisiteur Jacques Fournier.

Critiqué en raison de son respect total de la règle franciscaine, Pierre de Jean Olieu (ci-dessus) verra ses écrits condamnés par le pape Jean XXII, qui déclarera en 1326 sa «doctrine pestilente et hérétique». Un autre dissident franciscain, le fraticelle Ange Clareno (ci-dessous avec saint François) connaît la prison, dès 1290, pour avoir revendiqué une pauvreté absolue. Très critique vis-à-vis de la papauté, le radicalisme qu'il revendique le fera s'opposer jusqu'à sa mort à l'Ordre. Sa disparition marquera la fin du mouvement spirituel en Occident.

Dès la création officielle de l'Inquisition, les Dominicains doivent organiser avec une grande rigueur leur institution afin de lui donner une réelle efficacité. Son bon fonctionnement ne peut s'appuyer que sur une procédure juridique rigoureuse et un archivage méticuleux des textes législatifs, des dépositions et des sentences enregistrées par les clercs.

CHAPITRE III
LA MACHINE INQUISITORIALE

Témoignages de la pratique quotidienne de la justice inquisitoriale, les archives des tribunaux (ci-contre registre d'enquêtes de la seconde moitié du XIIIe siècle) apportent aujourd'hui une image plus juste de la procédure, de son fonctionnement et de son évolution.

Les premiers tribunaux

En 1234, les inquisiteurs installent des tribunaux fixes à Toulouse et à Carcassonne. L'inquisiteur qui préside le tribunal a désormais la responsabilité d'une véritable administration. Les notaires et les clercs participent activement aux enquêtes et aux interrogatoires. Des réseaux d'information s'appuyant sur un clergé local plus ou moins coopératif se mettent en place, secondés par des informateurs (souvent d'anciens cathares convertis) rémunérés par l'Inquisition. De nouvelles charges sont créées : les lieutenants, ou «vicaires», sont des représentants mandatés par l'Inquisition qui ont les mêmes fonctions qu'un inquisiteur tandis que les «commissaires», eux, sont uniquement chargés d'interroger les suspects mais ne sont habilités à prononcer aucune sentence. Si l'Inquisition dispose progressivement d'un personnel nombreux, l'élaboration d'une procédure ne sera fixée que dans la seconde moitié du XIIIe siècle.

Personnage crucial dans la procédure judiciaire, le notaire est chargé de la rédaction du *processus*, procès-verbal de l'interrogatoire, selon des règles de présentation et de formulation qu'il authentifie par son seing.

La procédure inquisitoriale en Languedoc : de la suspicion à l'accusation

Lors du déroulement de l'enquête (*inquisitio*), la procédure se décompose en plusieurs étapes précises qui ont pour unique objectif de faire avouer le suspect. Tout commence par le sermon général public que prononce l'inquisiteur dans chaque localité où il s'arrête au cours de ses déplacements dans la région dont il a la charge. Il y dénonce l'hérésie, rappelle les dogmes de la véritable orthodoxie et propose à la foule un délai de réflexion, le «temps de grâce», pour l'inciter au repentir mais surtout à la délation.

Parfois issu des ordres mendiants ou clerc séculier à disposition du tribunal, le notaire est souvent attaché à un inquisiteur qu'il accompagne dans ses déplacements. Après l'annexion du Languedoc en 1271, des notaires royaux, comme Pierre Boyer (seing manuscrit à droite) ou Arnaud Assalit (seing ci-dessus), serviront l'Inquisition.

Grâce aux informations et aux témoignages ainsi recueillis, le magistrat établit des listes de suspects qu'il convoque ensuite, afin de procéder à des interrogatoires.

Le déposant, après avoir prêté un serment dans lequel il affirme devoir «dire toute la vérité sur lui-même et les autres vivants et morts sur l'incrimination d'hérésie», fait une confession religieuse (*confessio*) devant l'inquisiteur dans laquelle il ne doit rien omettre, sous peine d'être condamné pour parjure. Si certains

Le sermon général, devant l'église ou à l'extérieur, est à la base de l'enquête. C'est en effet l'habileté du discours qui permet à l'inquisiteur d'obtenir un nombre conséquent de dénonciations (ci-contre un sermon de l'inquisiteur Jean de Capistran à l'Aquila, en Italie, vers 1426).

« L'inquisiteur détermine, en accord avec l'ordinaire du lieu où il a établi son siège, la date du sermon général. [...] Il ne sera pas prononcé le jour d'une grande fête [...] mais un dimanche quelconque. Le jour venu, l'inquisiteur prononcera un sermon entièrement consacré à la foi, à sa signification, à sa défense, exhortant le peuple à extirper l'hérésie. Le sermon se terminera par la sollicitation des délations pendant le temps de grâce. Ceux qui ont écouté le sermon gagneront quarante jours d'indulgence. »
Nicolas Eymerich, inquisiteur, 1376

sont relâchés (pour être parfois reconvoqués plus tard), la plupart sont mis au cachot en attendant d'être de nouveau interrogés.

L'interrogatoire, qui porte sur des faits précis, et la pression psychologique exercée par l'inquisiteur prennent alors une place très importante dans le déroulement de la procédure. Par des questionnaires qui doivent mettre en évidence les déviances du déposant, mais aussi par la « ruse et la sagacité » (Nicolas Eymerich), l'inquisiteur doit amener le suspect à l'aveu. Un déposant supecté par exemple d'hérésie cathare, s'il déclare avoir vu (*visio*) des parfaits cathares, doit dire d'où ils venaient, avec qui ils sont repartis et vers quel lieu, s'il a mangé avec eux et quels aliments. Toutes les autres circonstances du délit découlent de cette *visio*. Le déposant doit ensuite indiquer le lieu de la rencontre, surtout lorsqu'il s'agit d'une habitation, amenant alors un délit de « réception » (*receptio*) qui déclenche une destruction de l'habitation. Si le déposant a vu des dignitaires cathares, il y a eu probablement « adoration », ou *meliorament*, participation à une discussion ou audition d'une prédication. Le déposant doit dire s'il a donné des objets aux hérétiques ou s'il a reçu d'eux des ouvrages ou autres. Les dons aux parfaits, souvent effectués à l'occasion du baptême cathare, ou *consolament*, que l'Inquisition nomme « hérétication », délit principal de l'hérésie, doivent être notés. Quiconque ayant adoré un hérétique approuve donc

Si Bernard Délicieux (ci-dessus) comparaît devant un tribunal présidé par l'inquisiteur, entouré de ses notaires et de personnalités ecclésiastiques, la majorité des détenus de l'Inquisition ne bénéficie pas d'un tel traitement lors de l'interrogatoire. Seuls deux témoins et un notaire sont en général présents.

UN INTERROGATOIRE CODIFIÉ

Parmi les pénalités inquisitoriales dites publiques, le pèlerinage a une place importante. Selon l'importance du délit, le condamné peut accomplir deux sortes de pèlerinages : le «pèlerinage mineur», comme ceux de Notre-Dame de Rocamadour (enseigne page de gauche), Sainte-Foy de Conques ou encore Saint-Denis, et le «pèlerinage majeur» à Rome, Saint-Jacques de Compostelle, Cologne, Canterbury ou Paris. Pour le pèlerin (ci-dessous), cette peine est synonyme d'un long et dangereux voyage et d'importantes dépenses.

toutes les erreurs du catharisme. La procédure s'achève souvent sur l'abjuration, élément pénitentiel, et un serment, dans lequel le suspect, devenu accusé, s'engage envers les inquisiteurs, lui et ses biens.

Les sentences prononcées par les tribunaux inquisitoriaux sont sans appel : peines de prison perpétuelle pour les hérétiques convaincus mais qui ont abjuré, peine de mort par le feu pour les irréductibles et les relaps, qui sont remis au bras séculier, chargé de l'application de la peine. Les absolutions – sans ou avec pénitence, comme le

Concédée en 1280 par le roi Philippe III le Hardi, la tour de l'Inquisition de la cité de Carcassonne (ci-contre) renfermait les archives du tribunal.

À plusieurs reprises au cours du XIIIe siècle, les évêques obtiendront la gestion de l'Inquisition aux dépens de l'ordre dominicain.

port de croix cousues sur les vêtements ou le pèlerinage – restaient cependant courantes à la fin du XIIIe siècle.

L'importance des archives inquisitoriales

Les documents de l'Inquisition prennent une importance capitale pour l'Eglise mais aussi pour ses détracteurs et pour tout individu suspecté d'hérésie. La citation d'une personne dans une déposition provoque dans la majorité des cas sa convocation, voire son arrestation immédiate, et une *inquisitio* très serrée de la part des juges pontificaux. Pour les inquisiteurs, les archives permettent de rechercher des preuves de culpabilité dans des registres plus anciens, confondant ainsi plusieurs années après des suspects présumés, ou leurs héritiers, qui se croyaient oubliés de l'Inquisition.

Mais la conservation de ces archives est un problème. En 1235, la destruction du dépôt de Toulouse est attestée après l'expulsion des inquisiteurs et des Dominicains. Les archives inquisitoriales de Narbonne subissent le même sort, et celles de Caunes sont volées et dispersées en 1236. Lors du massacre d'Avignonnet (1242), les registres pris aux inquisiteurs sont revendus à des parfaits cathares. En 1248, une bulle du pape Innocent IV mentionne l'assassinat d'un clerc et d'un courrier de l'Inquisition à Caunes, ainsi que la destruction des registres qu'ils détenaient. Le pontife demande alors la continuation des procédures interrompues et la reconstitution des documents détruits par de nouveaux interrogatoires.

Rendus obligatoires par le concile de Béziers de 1246, les procès-verbaux doivent être tous conservés et archivés par un personnel compétent qui peut parfois être soudoyé. Les évêques, qui contrôlent temporairement l'Inquisition à partir de 1251, se préoccupent aussi du sort des archives au concile de l'Isle-sur-Sorgue. En 1255, le concile d'Albi décide de faire des doubles des registres qui seront conservés séparément des originaux, dans des lieux sûrs. A la fin du XIIIe siècle, les Carcassonnais tentent d'organiser la destruction des archives de l'Inquisition. Des complots pour s'en emparer échouent en 1285 et en 1294. Les mouvements d'insurrection contre l'Inquisition durant la période 1301-1305 détruisent partiellement les salles d'archives, malgré l'intervention des

Si les bibliothèques de Toulouse, de Carcassonne ou de Rome possèdent quelques manuscrits inquisitoriaux, la majorité des registres de l'Inquisition a été perdue ou détruite par le temps ou la Révolution. En 1669-1670, sur ordre du surintendant Colbert, une mission officielle, sous la direction de Jean de Doat, a néanmoins copié une grande partie des originaux des dépôts de l'Inquisition de Toulouse et de Carcassonne présentant un intérêt pour la Couronne. Ces copies, conservées à la Bibliothèque nationale de France, constituent le seul témoignage de l'abondance des archives de l'Inquisition.

officiers royaux. Avec le ralentissement de l'action répressive de l'Inquisition après 1320 et le recul des hérésies, l'hostilité fera progressivement place à l'indifférence.

La «nécessité» d'un coupable

Après Montségur (1244), l'Inquisition démontre son professionnalisme lors les interrogatoires des survivants. La procédure inquisitoriale est extrêmement bien rodée. L'institution a évolué de la phase de *persuasio* à la phase de *coercitio* (Raoul Manselli), traquant et interrogeant les hérétiques sans chercher vraiment à les convaincre de leurs «erreurs». Au XIIe siècle, l'inquisiteur se considérait comme un confesseur qui devait amener le déposant à regretter ses «erreurs» afin d'obtenir une pénitence publique. Désormais, lors de ses enquêtes, il procède avec méthode, dispose de manuels qui lui rappellent les questions à poser, les erreurs à relever et les conclusions auxquelles il doit aboutir. Le style de procédure rencontré dans les registres inquisitoriaux de Toulouse et de Carcassonne s'établit de façon définitive vers 1273. La croyance du déposant n'est plus sondée par l'inquisiteur; le notaire mentionne parfois les «erreurs» relevées mais on ne juge plus utile d'en débattre avec le suspect. L'inquisiteur n'est plus là pour comprendre mais pour se faire préciser les faits afin de pouvoir déterminer le type et la gravité du délit. L'objectif de l'Inquisition devient uniquement la recherche de l'aveu, qui permet une condamnation publique du coupable et parfois le retour de l'hérétique dans l'Eglise, lui sauvant ainsi la vie et l'âme.

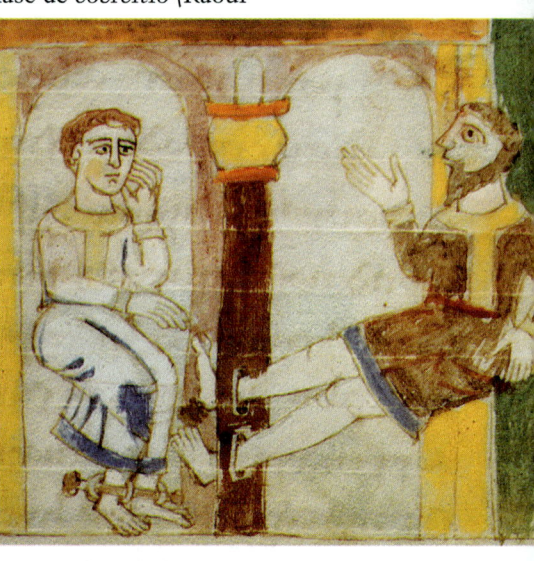

Durant plusieurs siècles, l'Eglise restera hostile à l'utilisation de la torture, pratique courante des tribunaux civils depuis le IIe siècle, que l'on retrouve dans le code théodosien. Mais au XIIIe siècle, le *Liber juris civilis* de Vérone (1228), les Constitutions siciliennes de l'empereur Frédéric II (1231) ou le *Fuero juzgo* de Ferdinand III de Castille (1241) proposent le rétablissement de la torture. Elle semble avoir été pratiquée par l'Inquisition de Toulouse dès 1243.

La recherche de l'aveu

Si l'aspect administratif reste lourd et procédurier, la conception de la charge inquisitoriale ne privilégie plus, contrairement aux idées reçues, l'aspect répressif. Les inquisiteurs ne sont plus des juges sanguinaires multipliant les bûchers. Après 1250, ils prononcent peu de sentences capitales. Quant à l'usage de la torture, ou «mise à la question», que la bulle *Ad extirpenda* du pape Innocent IV met

à l'ordre du jour en 1252, il doit amener le suspect à reconnaître ses fautes mais éviter toute mutilation, effusion de sang ou décès du prévenu. Si les manuels mentionnent que «l'Eglise a pleinement le droit de torturer car la torture sert à dégager la vérité», la majorité des inquisiteurs ont souvent considéré que «les tortures sont trompeuses et inefficaces» – *Quaestiones sunt fallaces et inefficaces* (Nicolas Eymerich).

Canoniste et juriste de formation, Innocent IV (ci-dessous présidant le concile de Lyon de 1245) rend l'usage de la torture officiel mais en précise les conditions d'emploi. Ce sont les papes Alexandre IV (1254-1261) et Urbain IV (1261-1264) qui permettront aux inquisiteurs d'organiser les séances de torture des suspects (1256), d'y assister et de faire recueillir les aveux des victimes par les notaires (1266). Si Bernard Délicieux est soumis à la torture en 1319, les procès-verbaux mentionnent peu son utilisation aux XIIIe et XIVe siècles dans le Languedoc, en Provence et dans le nord de la France. Mais les tribunaux séculiers, s'inspirant de l'Inquisition, feront une utilisation massive de la torture à partir de la seconde moitié du XIIIe siècle. Au service des princes et de leurs intérêts, cette pratique se révélera efficace notamment dans l'affaire des Templiers.

L'emprisonnement dans les sinistres cachots de l'Inquisition – appelés le « Mur » – reste la peine la plus fréquente pour l'accusé. De 1308 à 1322, l'inquisiteur Bernard Gui prononce ainsi six cent trente-six condamnations dont trois cents à la prison, cent trente-huit au port de croix, seize à des pèlerinages tandis que quarante condamnés sont livrés au bras séculier et condamnés au bûcher.

La profession d'inquisiteur

L'inquisiteur du début du XIVe siècle n'est plus le même personnage que celui mandaté dans le Languedoc en 1233. Dans les premiers temps, généralement français, ne connaissant pas ou mal la langue d'oc, il se retrouve seul face à l'hostilité d'une société attachée à ses particularismes et à ses notables. L'inquisiteur Ferrer, nommé à Narbonne en 1234, déclenche ainsi une émeute par ses enquêtes et doit fuir la ville pour le Toulousain, avant de quitter ses fonctions en 1244. Après 1280, la charge inquisitoriale, confiée le plus souvent par le pape à un dominicain, échoit à des personnages ayant une solide formation religieuse et une bonne connaissance de la région. Bernard Gui, bien qu'originaire de Limoges, devient inquisiteur de Toulouse en 1307, après avoir été professeur aux couvents d'Albi, de Carcassonne et de Castres, puis prieur de ces mêmes couvents.

Astreint à des résultats, l'inquisiteur doit désormais s'imposer sur de vastes territoires. Celui de Carcassonne contrôle ainsi jusqu'à dix-sept diocèses au début du XIVe siècle, et doit déléguer

des adjoints compétents à Albi, Pamiers ou Montpellier. En 1317, le cistercien Jacques Fournier débute ainsi comme évêque inquisiteur à Pamiers avant de devenir inquisiteur de Toulouse. En 1324, l'inquisiteur Jean Duprat dispose d'un lieutenant et de trois commissaires à Carcassonne et à Montpellier. Quant aux prisons de Carcassonne et de Toulouse, où l'insalubrité et le manque de nourriture sont le lot quotidien, elles sont, ainsi que leurs gardiens recrutés le plus souvent par les autorités civiles, sous sa responsabilité.

Les outils de l'Inquisition : le manuel et le droit

Lors de la création de l'Inquisition, les Dominicains ne disposaient que de leur habileté théologique pour organiser la prédication contre des hérétiques sûrs de leurs croyances et prêts à la discussion (*disputatio*). La rédaction de «livres de raison» devient nécessaire pour les inquisiteurs et certains d'entre eux préparent des recueils pour leurs confrères. En 1241-1242, l'inquisiteur Pierre Sellan, qui a rassemblé dans un registre sur le Quercy quelque six cent soixante et onze dépositions de prévenus, rédige le premier livre de sentences. Dans cette même période, le canoniste catalan Raymond de Peñafort propose un «directoire» à l'usage des inquisiteurs, qu'il élabore dans un dessein pratique en présentant une réglementation générale, et, en 1249, l'inquisiteur Bernard de Caux rédige à son tour un premier manuel, le *Processus inquisitionis*.

Si les ordonnances papales de 1253 contre l'hérésie répondent en partie aux interrogations des inquisiteurs, les doutes juridiques sont levés en 1255 par la Consultation de Gui Foulques.

Évêque de Pamiers en 1317, inquisiteur délégué en 1319, Jacques Fournier (ci-contre) mène l'une des dernières grandes enquêtes en Ariège. Les interrogatoires détaillés qu'il ordonne permettront de mieux connaître les mentalités et la vie quotidienne des derniers cathares du XIVe siècle. En 1334, Jacques Fournier deviendra pape sous le nom de Benoît XII.

L'Inquisition condamnait souvent l'hérétique à la peine dite majeure, la prison. Au «mur large», le suspect était dans une cellule commune avec une relative liberté de mouvement. Au «mur étroit», le prisonnier était enchaîné dans une cellule plus petite, ne recevant que «le pain de la douleur et l'eau de tribulation» (B. Gui). Quant à la torture, bien qu'utilisée par les inquisiteurs pour qui la fin justifiait les moyens, l'iconographie du XIXe siècle (ci-dessous) en a souvent exagéré la pratique.

LA MACHINE INQUISITORIALE

« L'inquisiteur assume la charge de détruire l'hérésie, elle et tous ceux qui s'en rendent coupables ou la favorisent. Il jouit d'un pouvoir discrétionnaire et de privilèges qui l'autorisent à procéder directement contre le prévenu, sans clameurs d'avocat, ni figure de jugement» (Bernard Gui, 1322). L'organisation des registres, le classement des procès-verbaux et la vérification des informations recueillies font partie des charges quotidiennes des «hommes du Saint-Office». Dans sa représentation de l'administration inquisitoriale, le peintre Jean-Paul Laurens a su traduire la froideur de la scène par un éclairage qui accentue l'isolement mais aussi l'autorité de l'inquisiteur (à gauche) et le minutieux labeur des secrétaires (à droite). Le lieu est dépouillé de tout apparat. Les Registres, la Bible et les papiers amassés n'en prennent que plus d' importance. Le cadre imaginé par Jean-Paul Laurens, qui s'est inspiré de la salle capitulaire de l'abbaye de Saint-Servin dans les Pyrénées, ajoute à la gravité des décisions sans appel prises par ces juges agissant au nom de la stricte orthodoxie.

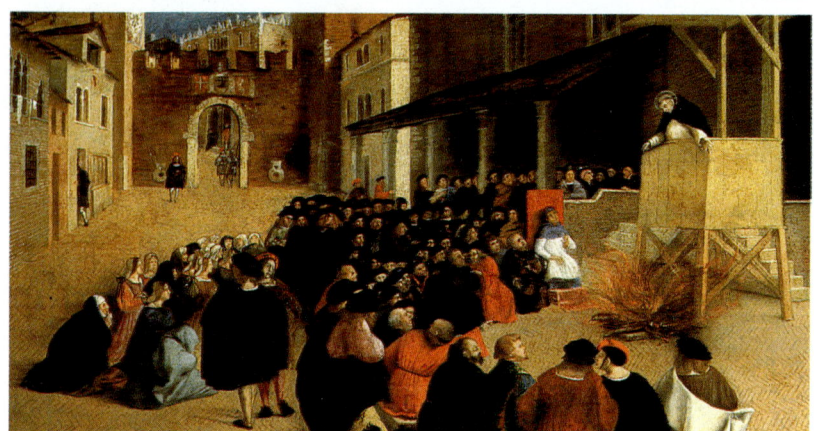

Jurisconsulte reconnu et futur pape sous le nom de Clément IV, il rencontre à plusieurs reprises les inquisiteurs de Toulouse et leur fournit un document complet relatif à leurs droits face aux ordinaires, leur délégation ou encore la notion de culpabilité et de condamnation. A partir des années 1260, l'Inquisition en Languedoc dispose donc d'une codification pour mener à bien les enquêtes et connaître tous les aspects de la procédure inquisitoriale.

Quant au XIVe siècle, il reste marqué par la volonté des inquisiteurs d'élaborer des manuels ou des ouvrages de référence pour leurs collègues et successeurs. En 1306, l'inquisiteur Geoffroy d'Ablis demande une transcription des documents utiles pour le tribunal de Carcassonne afin d'établir un recueil. Son confrère Jean de Beaune procède de la même manière en 1320, faisant réaliser un livre des privilèges de l'Inquisition avec des

Cette peinture de Lorenzo Lotto, qui montre Dominique de Guzman prêchant, rappelle que la prédication évangélique itinérante était partie intégrante de la stratégie des Dominicains pour s'imposer dans le Languedoc cathare.

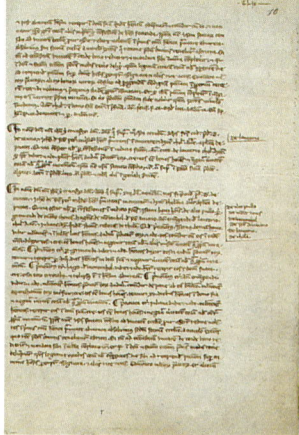

Entre 1243 et 1247, l'inquisiteur de Toulouse, Bernard de Caux, lance une série d'enquêtes sur Agen, Cahors, Toulouse et le Lauraguais. Les quelques 5 600 dépositions réunies en deux ans, serviront à la rédaction, en 1249, du *Processus inquisitionis* (ci-contre), premier manuel proposant un procès-verbal type fondé sur une large énumération d'aveux obtenus des déposants suspectés d'hérésie.

documents de l'Inquisition de Toulouse. Mais c'est en 1323-1325 que Bernard Gui rédige un manuel précieux, la *Practica officii Inquisitionis heretice pravitatis*, traité de la pratique de l'Inquisition, qui permet une lutte efficace non seulement contre les cathares mais aussi contre toutes les dissidences religieuses de l'époque, vaudois, béguins puis pseudo-apôtres. Le dernier manuel qui paraît au Moyen Age est celui de Nicolas Eymerich, inquisiteur général de Catalogne, qui rédige en 1376 le *Directorium inquisitorum*, traité de préparation à l'exercice de la fonction d'inquisiteur. Ouvrage reconnu par l'Eglise, le *Directoire* de Nicolas Eymerich sera imprimé en 1503 et réédité cinq fois entre 1578 et 1607.

Afin d'éviter les excès de zèle, le décret *Multorum* du concile de Vienne (1312) réforma le droit inquisitorial et obligea les inquisiteurs à collaborer avec l'évêque (ci-dessous, un suspect fait amende honorable devant l'évêque et le Saint-Office). Cette ingérence épiscopale sera dénoncée par l'Inquisition pontificale, qui la considérait comme un frein à son pouvoir.

En un siècle, par le biais d'une procédure et d'une administration efficaces, l'Inquisition est parvenue à éradiquer les grandes dissidences religieuses. Elle reste néanmoins active et continue de traquer la «déviance», qui n'est plus uniquement religieuse, mais aussi politique et sociale. Les pouvoirs spéciaux des inquisiteurs ne manquèrent pas d'intéresser les princes, qui cherchèrent à les détourner à leur profit.

CHAPITRE IV
UN OUTIL AU SERVICE DU POUVOIR

Parmi les grandes déviances du XVe siècle, ce sont la sorcellerie et la magie qui poseront le plus de problèmes à l'Inquisition. Longtemps hésitante sur les moyens de répression à mettre en œuvre, elle imposera une fois de plus la réponse du bûcher.

UN OUTIL AU SERVICE DU POUVOIR

Le XIVe siècle annonce la disparition des grands mouvements hérétiques de l'Occident médiéval. L'Inquisition, aboutie dans son aspect juridique et institutionnel, est désormais à son apogée. Elle va s'intéresser à d'autres déviances, sociales puis politiques, qui n'entraient pas à l'origine dans ses compétences. Au cours des siècles suivants, des liens étroits vont ainsi se forger entre l'institution, qui justifie sa raison d'être, et l'Etat, qui profite d'un outil répressif dont la responsabilité ne lui incombe pas.

Sorcellerie et magie populaire

Les affaires de magie et de sorcellerie n'intéressent pas particulièrement l'Inquisition des premiers temps, malgré la fascination et le mystère qui les entourent et qui auraient pu justifier son intervention. En 1248 pourtant, le concile de Valence propose l'intervention des évêques dans les affaires de sorcellerie sans préciser les peines encourues. En 1257, l'Inquisition interroge Rome à ce sujet et obtient une réponse qui élargit ses compétences : dans la bulle de 1258 *Quod super nonnullis*, le pape Alexandre IV sous-entend que l'invocation des forces surnaturelles peut être tenue comme une pratique hérétique. Ainsi, au début du XIVe siècle, la juridiction inquisitoriale commence à intervenir sur ces dossiers. En 1315, une bulle du pape Clément V soumet les premiers formulaires pour l'interrogatoire des sorciers et, en 1320, l'Inquisition se voit confier les enquêtes concernant les actes diaboliques et les envoûtements. Si Bernard Gui ne rencontre aucun cas de magie entre 1309 et 1323, les archives de Toulouse mentionnent quelque six cents cas de poursuite pour sorcellerie (dont beaucoup contre des religieux) dans la première moitié du XIVe siècle, et près de quatre cents suspects pour la région de Carcassonne.

MALLEVS
MALEFICARVM,

Jusqu'au XIVe siècle, magie et sorcellerie ne se détachent pas des pratiques populaires quotidiennes et sont le plus souvent rattachées à l'alchimie. Considérée comme curative et non démoniaque, la magie ne constitue pas une hérésie. Au XVe siècle en revanche, sorciers et sorcières, jusque-là simples jeteurs de sort, apparaissent comme des suppôts de Satan. Accusés de pactiser avec le diable, ils deviennent des hérétiques passibles du feu, à qui l'on impute tous les maux de l'époque. Dans cette gravure allemande du XVe siècle (ci-dessus), des sorcières préparent une décoction pour faire venir la pluie.

L'Inquisition prend en charge la répression de la sorcellerie

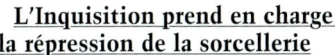

A partir du XVe siècle, une véritable «épidémie de sorcellerie» touche l'Europe. Les condamnations du Parlement de Paris (1390) et de la Faculté de théologie (1398) ont peu d'impact. L'image d'une sorcellerie démoniaque qui prend forme au travers des légendes et des mythes populaires inquiète Rome. Le problème est au cœur des préoccupations du concile de Bâle en 1431 et des documents dénonçant ses dangers voient le jour à partir de 1436. En 1484, Innocent VIII promulgue la bulle *Summis desiderantes affectibus* pour élargir la mission des inquisiteurs à la poursuite des sorcières, désignées comme les suppôts du diable. Deux ans plus tard, à sa demande, deux inquisiteurs dominicains nommés en Allemagne, Henri Institoris et Jacques Sprenger, recensent toutes les croyances relatives à la magie et à la sorcellerie dans un volumineux ouvrage intitulé *Le Marteau des sorcières* (*Malleus maleficarum*). L'Inquisition, épaulée par le clergé séculier, arrête et brûle sorciers et sorcières.

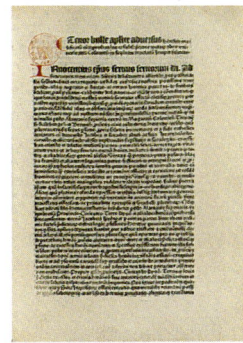

La bulle *Summis desiderantes affectibus* (ci-dessus) déclencha les premières chasses aux sorcières. En 1487 est publié le premier manuel contre les «praticiens infernaux», *Le Marteau des sorcières* (page de gauche), qui connaîtra une large diffusion. Au cours du XVe siècle, les juridictions civiles reprendront les directives et les codifications pontificales. Elles se substitueront progressivement à l'Inquisition, en France et en Allemagne (ci-contre, sorcières brûlées à Nuremberg en 1555), et organiseront les grands procès de sorcellerie du XVIe siècle. La répression sera d'une sévérité jusque-là inusitée.

De la condamnation à l'exil des juifs

Depuis la fin du XIIIe siècle, les souverains sollicitent de plus en plus l'institution inquisitoriale. En poursuivant des communautés, des ordres ou des individus devenus gênants pour les puissants, les tribunaux de la foi se font parfois les instruments du pouvoir temporel, même si leur mandat initial d'extirpation de l'hérésie reste d'actualité.

Depuis le Ve siècle, les juifs sont intégrés par les populations de l'Occident médiéval et participent à la vie urbaine et économique, voire à la lutte contre les infidèles, comme à Narbonne, en 719, lors du siège par les Sarrasins. Aux XIe et XIIe siècles, d'importantes communautés juives sont présentes dans le midi de la France et en Italie du Sud, où elles pratiquent le prêt à intérêt, nécessaire dans cette période d'expansion économique, mais interdit chez les chrétiens depuis Latran III. Leurs rites sont autorisés par l'Eglise mais il leur est interdit de faire du prosélytisme. A la fin du XIe siècle la situation se dégrade et les

Les XIIIe et XIVe siècles sont très marqués par le développement de l'antisémitisme en Occident. Dans une époque de revendication de l'unité religieuse, l'altérité juive doit être combattue et éradiquée. Que ce soit par la conversion forcée des communautés – dont les résultats sont loin d'être positifs (ci-dessous, juifs refusant d'écouter la parole catholique) –, ou par l'action inquisitoriale et la condamnation au bûcher (ci-dessus).

LES JUIFS, ENNEMIS DU CHRIST? 63

manifestations de violence contre les juifs se multiplient. Lors de la première croisade, en 1095, des juifs qui refusent de se convertir sont massacrés par la foule à Rouen, Worms et Mayence et à nouveau, en 1146, lors du passage en Rhénanie de la IIe croisade.

Dans le royaume de France, après avoir saisi leurs biens et annulé leurs créances en 1179, Philippe Auguste fait expulser les juifs de Paris en 1181, puis les rappelle en 1198, afin de mieux contrôler l'ensemble des activités de la communauté. Avec la naissance de la notion d'Etat et la nécessité d'une unité politique et religieuse, les souverains anglais et français favorisent l'hostilité latente du peuple vis-à-vis des juifs en les isolant en tant que non-chrétiens et en accentuant les différences entre les communautés religieuses, comme le suggère Latran IV. Cohabitation prohibée dans les villes et règlements particuliers pour les quartiers juifs, mariage interdit avec des chrétiens, port d'insigne distinctif (la rouelle), interdiction de construire de nouvelles synagogues sont autant de mesures qui frappent les juifs d'Occident, accusés d'être des ennemis du Christ, des assassins d'enfants ou encore des profanateurs d'hosties. En 1248, le pape Innocent IV demandera l'interdiction du Talmud et, en 1267, la bulle *Turbato corde* de Clément IV incite l'Inquisition à s'intéresser aux cas des relaps (juifs convertis et revenus secrètement au judaïsme), qu'elle poursuit en Languedoc dès 1271.

Rédaction de la «loi orale» antérieure au Ve siècle qui complète la «loi écrite» de la Bible, le Talmud est au centre de l'enseignement rabbinique (ci-dessous, rituel du Talmud). Peu connu de l'Occident, il reçoit les premières critiques du clunisien Pierre le Vénérable au milieu du XIIe siècle. L'Eglise considère alors que cet ouvrage est un livre secret dont les interprétations sont des blasphèmes pour la chrétienté. Sur décision de Louis IX, vingt-quatre charretées de manuscrits talmudiques sont brûlées à Paris vers 1242, détruisant l'essentiel de la production des écoles juives de Paris, Troyes et Orléans. En 1248, Rome condamne à son tour le Talmud qui «contient des tromperies et faussetés» (B. Gui). Au gré des expulsions et des périodes de tolérance, le Talmud sera détruit par le feu ou autorisé par les princes.

Dans un contexte de défense de la foi, l'affaire du juif parisien Jonathas, profanateur d'hostie, relance l'antisémitisme en 1290. Le roi de France Philippe IV le Bel, qui a déjà imposé des mesures discriminatoires à l'égard des juifs, décide, en 1306, de leur expulsion du royaume, tandis que l'Inquisition poursuit les apostats (nouveaux convertis ayant rejeté le christianisme). Ceux-ci doivent se réfugier dans des territoires proches – comme le comté de Savoie, la Lorraine ou la Provence – qui les tolèrent. En 1310, des juifs relaps sont brûlés à Paris. Il faut attendre 1315 pour que Louis X accepte de nouveau les juifs dans le royaume (contre finances); mais les persécutions reprendront vers 1320, avec la croisade des pastoureaux. Accusés de tous les maux, que ce soit l'empoisonnement de puits (1321), la crise économique (1338) ou la propagation de la peste noire (1348-1349), les juifs seront expulsés de France en septembre 1394.

Brûlé par les gens du roi le 19 mars 1314 (ci-dessous), le Grand Maître de l'ordre des Templiers Jacques de Molay aurait selon une tradition postérieure, assigné le pape et le roi de France «à comparaître devant le tribunal de Dieu dans les quarante jours». Clément V et Philippe le Bel mourront avant la fin de l'année 1314...

Les Templiers et Jeanne d'Arc : les «raisons du roi»?

L'implication du pouvoir spirituel et de l'Inquisition dans les affaires politiques s'intensifie avec Philippe le Bel et le procès des Templiers. En 1307, ces moines soldats sont arrêtés en France puis en Europe par les agents de l'Inquisition, soumis à la question, jugés et condamnés. Depuis plusieurs années, des rumeurs discréditent l'Ordre, qui joua un rôle important dans les croisades mais fut critiqué dès la fin du XIIIe siècle, lors de la perte de la Terre sainte. Son refus de s'unir aux autres ordres militaires et sa délicate fonction de créancier du roi scelleront sa ruine. Pratique de rites obscènes, reniement du Christ et du crucifix – et donc assimilation de l'Ordre à une hérésie –, adoration d'idoles inspirées de l'islam sont les principaux motifs d'inculpation retenus par les légistes. Abandonné par

SOUS PRÉTEXTE D'HÉRÉSIE

Clément V (1305-1314) lors du concile de Vienne (1312), l'ordre du Temple est définitivement éliminé en France dès 1314.

Lorsque Jeanne, dite la Pucelle, est faite prisonnière le 5 mai 1430, elle ne représente qu'une prise de guerre. Mais la libératrice d'Orléans, détenue par les Anglais, est livrée à l'évêque Pierre Cauchon, qui leur est favorable. Suspectée d'hérésie, car elle a affirmé avoir eu des relations directes avec Dieu, devenue par conséquent justiciable devant l'Inquisition, Jeanne voit s'organiser son procès dès janvier 1431. Elle abjure le 24 mai. Puis se rétracte. Condamnée comme relapse lors d'un second procès, livrée au bras séculier, elle est brûlée à Rouen le 30 mai. Des méthodes similaires seront utilisées par le pouvoir et l'Inquisition pour éliminer d'autres personnages politiquement gênants.

Lorsque s'ouvre le procès de Jeanne à Rouen (minutes ci-dessus), ville tenue par les Anglais, c'est Jean Le Maître, vicaire du Grand Inquisiteur de France, qui est chargé d'obtenir les aveux de la Pucelle sur ses relations avec les esprits sataniques de l'au-delà. Les longs interrogatoires (ci-contre avec le cardinal de Winchester) briseront la résistance de Jeanne. Pour les Anglais, leurs alliés Bourguignons et l'Université de Paris, c'est une sorcière que l'on aura éliminée, mais surtout une rebelle abandonnée par le roi Charles VII. Compagnon de Jeanne et Maréchal de France, Gilles de Rais (page de gauche) sera accusé sur des preuves discutables de magie noire, de sodomie et de meurtres d'enfants. Lui ausi sera brûlé.

Au XVe siècle, une Inquisition de type étatique se met en place dans la péninsule ibérique, substituant à l'institution pontificale, issue du Moyen Age, une machine de guerre contre les non-chrétiens. Organisée pour des raisons plus politiques que religieuses, dotée de pouvoirs sans précédents, elle inaugure une période de terreur qui durera plus de trois siècles.

CHAPITRE V
L'INQUISITION ESPAGNOLE, L'UNION DU TRÔNE ET DE L'AUTEL

L'ordre rétabli par les Rois catholiques permet à l'Espagne de se reconstruire, malgré la présence musulmane. Si l'Inquisition espagnole (bannière ci-contre) s'impose comme une inquisition moderne, royale et politicienne, elle n'en reste pas moins un instrument terrible utilisé pour la défense du catholicisme, dont la violence a hanté les artistes du XIXe siècle.

Dès la fin du XIIIe siècle, les juifs sont souvent rendus responsables de crimes d'enfants (ci-contre, imagerie populaire montrant des juifs suppliciant un jeune chrétien). Accusations sans fondement qui menacent aussi les *conversos* (ci-dessous).

Au nom de l'unité religieuse

Les Rois catholiques, Ferdinand d'Aragon et Isabelle de Castille, désireux de réaliser l'unification politique et religieuse de la péninsule Ibérique, exigent de Rome une réorganisation de l'Inquisition dans les royaumes d'Espagne. Jusqu'alors, seuls l'Aragon et la Catalogne ont connu la présence inquisitoriale, la Castille ayant toujours été épargnée.

Les émeutes antisémites qui éclatent en Aragon en 1348 et surtout à Séville en 1391 marquent la fin d'une relative harmonie entre juifs, chrétiens et musulmans d'Espagne, que ce soit dans les Etats catholiques du Nord ou dans les territoires musulmans du Sud. L'hostilité populaire croissante, qui touche aussi le reste de l'Europe, pousse beaucoup de juifs à se convertir. Parmi la masse de ces *conversos*, certains reviennent clandestinement au judaïsme après s'être engagés par le baptême à y renoncer, devenant des crypto-judaïsants, appelés péjorativement *marranos* («cochons»). A la fin du XVe siècle, plusieurs foyers de juifs *conversos* soupçonnés de continuer à pratiquer sont signalés à Séville par les moines et les populations, jaloux de la réussite économique et sociale de ces communautés. C'est pour lutter contre ces pseudo-convertis, considérés comme des hérétiques, qui selon eux menacent l'intégrité religieuse des royaumes du nord de l'Espagne, que les Rois catholiques font appel à l'Inquisition. Quant aux juifs déclarés, ils sont encore tolérés mais leurs droits seront progressivement restreints.

L'Inquisition espagnole est créée avant tout pour éliminer l'hérésie des judaïsants

En 1477, le pape Sixte IV cède à la pression des souverains espagnols et, par un bref daté du 1er novembre 1478, leur accorde tout pouvoir pour nommer les inquisiteurs dans les provinces du royaume, afin de «surveiller les nouveaux-chrétiens». La couronne d'Espagne dispose désormais de la pratique inquisitoriale. Le tribunal de l'Inquisition, appelé aussi Saint-Office, devient un instrument politique pour mettre au pas toute dissidence religieuse.

Pour la première fois on assiste à l'union formelle de la juridiction ecclésiastique et de la juridiction civile, «puisque l'intervention du prince dans le processus de nomination de l'inquisiteur change le rapport de fidélité de ses agents».

Les premiers inquisiteurs sont nommés en 1478. Il s'agit de deux dominicains, Michel Morillo et Juan Martin, qui commencent à prêcher à Séville où il existe une importante communauté de *conversos*. Le 6 février 1481, le tribunal y prononce la condamnation à mort de six juifs et ordonne à la noblesse espagnole de livrer tous les *conversos* protégés ou cachés.

La Reconquête de la péninsule Ibérique sur les musulmans durant les XIVe et XVe siècles (carte ci-dessus) a permis de forger l'unité politique

de l'Espagne, scellée, en 1474, par les noces de Ferdinand II d'Aragon (1452-1516) et Isabelle Ire de Castille (1451-1504) – les Rois catholiques (ci-dessus représentés au frontispice de l'université de Salamanque).

En 1482, l'Inquisition s'installe à Cordoue, Valence, Ciudad Real, Jaén et Saragosse. La répression s'abat violemment sur les communautés de *conversos*, terrorisant les populations et inquiétant le clergé espagnol, qui en appelle à Rome. Dès le début, les méthodes employées pour obtenir l'unité religieuse, indispensable, selon la royauté, à l'unité politique, dépassèrent les limites du tolérable.

La mise en place d'une Inquisition d'Etat

Annulant le bref de 1478, Sixte IV demande que l'action inquisitoriale soit désormais confiée aux évêques espagnols, rappelant les règles du droit canon. En 1482, il nomme des inquisiteurs en Castille, mais devant la colère de Ferdinand et Isabelle, il revient sur sa décision en 1483. Seule concession royale : l'archevêque de Séville peut juger en appel des condamnations prononcées par les inquisiteurs. Tous les procès, cependant, se déroulent en Espagne sans possibilité d'appel à Rome. Désormais nommés par le roi, les inquisiteurs sont

Le dominicain Tomás de Torquemada (1420-1498), prieur du couvent de Ségovie depuis 1460, est confesseur de Maria Davila, dame de compagnie de la reine Isabelle, lorsqu'il est nommé inquisiteur de Castille. Devenu inquisiteur général d'Aragon, de Valence et de Catalogne, il incarnera l'image du fanatique religieux, implacable et décidé, qui impose la charte constitutive de l'Inquisition en Espagne à un pape hésitant et soumis, Sixte IV (ci-dessus, peinture de Jean-Paul Laurens relatant la rencontre entre les deux hommes).

placés sous la direction d'un inquisiteur général ayant juridiction sur l'ensemble des provinces de la couronne d'Aragon. Egalement nommé par le roi, ce dernier tient néanmoins officiellement ses pouvoirs juridiques du pape.

Tomás de Torquemada : théoricien de la «Suprema»

Premier inquisiteur général choisi par le temporel, Tomás de Torquemada entre en fonction en octobre 1483. A l'origine de la création de plusieurs tribunaux (Séville, Cordoue, Jaén, Tolède) et de la désignation des inquisiteurs régionaux des deux Couronnes, ses talents d'organisateur et sa rigueur font du nouveau tribunal une institution efficace, soumise politiquement à la royauté et non à la papauté. Le 24 septembre 1484, s'inspirant des travaux de Bernard Gui et de Nicolas Eymerich, il rédige ses *Instructions* qui serviront de base au droit propre de l'Inquisition espagnole et mettront en place la *Suprema*, Conseil de la Suprême et Générale Inquisition. Ce tribunal central, qui est chargé du contrôle des tribunaux provinciaux, parfois itinérants, devient le cinquième des Grands Conseils du Royaume. Très rapidement, les inquisiteurs proposés par Rome sont révoqués par Torquemada au profit de théologiens compétents, des dominicains pour la plupart, qu'il choisit personnellement. Chargés de faire appliquer la procédure définie et codifiée en 1484, ils sont habilités à engager des poursuites sur tout un chacun, sans distinction de privilèges ni de rang. Torquemada restera tout-puissant jusqu'à sa mort, en 1498. En 1500, son successeur Diego de Deza achèvera et complétera le corpus juridique de l'Inquisition espagnole avec ses *Instrucciones antiguas*.

Un droit de répression illimité

A partir de 1485, les tribunaux de l'Inquisition se multiplient dans la péninsule Ibérique et dans tous les

Rejetant les bases inquisitoriales aragonaises du XIIIe siècle, le roi Ferdinand souhaitait un moyen d'action privilégié contre les juifs où le pouvoir royal serait prépondérant. Le bref pontifical de 1478 combla ses souhaits.

Si, durant son pontificat (1471-1484), Sixte IV tente de freiner l'installation de l'Inquisition étatique, qu'il a pourtant favorisée, ses réserves, ses oppositions ainsi que les brefs et bulles

qu'il promulguera (ci-dessus, bulle de 1483 ayant trait aux compétences juridiques de l'Inquisition espagnole) resteront le plus souvent lettre morte. Seule la nomination pontificale de Torquemada sera retenue par les Rois catholiques. En mai 1484, c'est le roi Ferdinand qui nommera ainsi inquisiteurs de Saragosse Gaspar Juglar et Pedro Arbues de Epila.

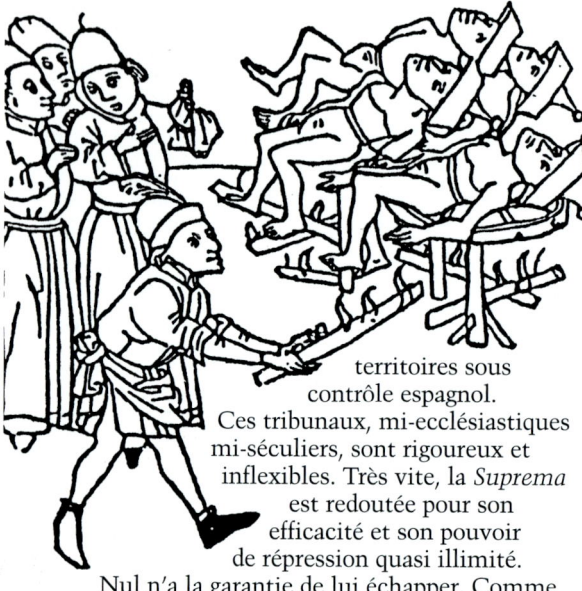

Si les premiers tribunaux espagnols s'installent en Andalousie, à Valence et à Saragosse vers 1482, de nouvelles fondations ont lieu dans la péninsule, de 1485 à 1492, et dans les îles espagnoles : les Canaries (1490), la Sardaigne (1492) et la Sicile (1497) possèdent ainsi leurs propres tribunaux, consolidant la «présence inquisitoriale» dans le royaume. Durant le XVIe siècle, c'est au tour des Pays-Bas espagnols (1522) et des Amériques (1570). Mais à partir de la seconde moitié du XVIe siècle, la *Suprema* ne disposera plus que d'une douzaine de tribunaux fixes en Espagne et d'un important réseau d'auxiliaires.

territoires sous contrôle espagnol. Ces tribunaux, mi-ecclésiastiques mi-séculiers, sont rigoureux et inflexibles. Très vite, la *Suprema* est redoutée pour son efficacité et son pouvoir de répression quasi illimité. Nul n'a la garantie de lui échapper. Comme par le passé, des inquisiteurs sont assassinés. En 1485, l'inquisiteur de Sarragosse, Pedro de Arbues, est tué par des *conversos* qui se réfugient en Navarre où ils sont protégés par des juifs de Tolède. L'Inquisition utilise l'incident pour élargir les enquêtes et la répression à toutes les communautés juives. En 1488, les communautés de *conversos* font appel au pape Innocent VIII, en vain. En 1491, plusieurs juifs et *conversos* sont exécutés à Avila, accusés à tort d'avoir crucifié un jeune chrétien. A Cordoue, l'inquisiteur Diego de Lucero terrorise les *conversos* et les dépouille de leurs biens, malgré les appels à l'inquisiteur général.

Bras armé d'une Espagne méprisante de ces «nouveaux-

TOUT «CONVERSOS» EST SUSPECT

La forte activité répressive des tribunaux de l'Inquisition provoque, dès 1484, des soulèvements tant chez les populations *conversos* que chez les «vieux-chrétiens», notamment à Teruel qui ne sera soumise qu'avec l'intervention des armées royales. Si les contestations de l'Inquisition restent en général légalistes, l'assassinat de l'inquisiteur Pedro Arbues de Epila (ci-contre), le 15 décembre 1485 à Saragosse, surprend les Rois catholiques.

chrétiens», l'Inquisition envoie ainsi plusieurs milliers de juifs à la mort ou dans ses prisons, après saisie et confiscation de leurs biens. La position du Saint-Office est claire, tout *conversos* reste judaïsant.

C'est le décret d'expulsion de tous les juifs de Castille et d'Aragon du 31 mars 1492 qui marque la fin de la répression. Les nombreux départs précipités à Málaga et Barcelone sonnent le glas de beaucoup de communautés juives en Espagne. En 1497, les juifs portugais subiront le même sort, tout comme les juifs de Navarre, expulsés en 1498. Certains *converso* et crypto-judaïsants qui refusent d'abandonner leurs biens choisissent néanmoins de rester en Espagne.

Cette action déclenchera une «immense rafle de *conversos*» (Henri Kamon) en Aragon, qui subiront la «mise à la question» et la mort sur le bûcher par centaines (ci-dessus et page de gauche, juifs torturés sur le chevalet).

A partir de 1499, plus de quatre mille musulmans reçoivent le baptême par aspersion (ci-contre) dans l'ancien royaume de Grenade.

Le problème musulman : intégration ou expulsion

A partir de 1492, année de la chute du royaume musulman de Grenade qui marque la fin de la Reconquête, l'Inquisition, tout en menant la répression sur les derniers foyers juifs, va s'intéresser plus particulièrement aux *moriscos* («morisques»), musulmans convertis de force qui continuent à pratiquer secrètement l'islam. Car les baptêmes forcés masquent mal la réalité : un grand nombre de musulmans continuent en effet la pratique et l'enseignement de leur religion, sous l'œil indulgent d'une noblesse espagnole soucieuse de conserver ses vassaux morisques. A partir de 1501, on assiste à la destruction des mosquées ou à leur transformation en églises, comme à Grenade. Après plusieurs soulèvements en Castille, l'Inquisition oblige les musulmans à choisir entre la conversion ou l'exil. Ce choix est aussi officiellement proposé aux musulmans de Valence en 1519, puis à ceux d'Aragon en 1534. Mais les poursuites inquisitoriales contre les populations morisques débutent réellement vers 1560, dans les provinces de Saragosse, Valence et Grenade. Jalousés par les «vieux-chrétiens» pour leur réussite dans les petits métiers, soupçonnés par les princes d'une alliance avec les musulmans d'Afrique et les

L'EXPULSION DES MORISQUES

Turcs, les morisques subissent alors une répression violente. Leur langue et leur costume sont interdits (1566). Ils perdent leurs biens et sont régulièrement envoyés aux galères. Déportations, destructions et exécutions marquent la période 1570-1600.

En 1609, une enquête démontre la vitalité de l'islam chez les morisques malgré l'action inquisitoriale. Le 22 septembre 1609, sur décision du roi d'Espagne Philippe III, les morisques d'Andalousie sont chassés de la péninsule vers le Maghreb. En 1610, ceux d'Aragon les suivent, ainsi que les communautés de Castille et d'Estremadure en 1611. Ces expulsions (près de trois cent mille personnes) témoignent d'un relatif insuccès de l'Inquisition, face à une communauté solidaire sur laquelle l'usage de la torture ne permet pas d'obtenir des aveux ou des dénonciations, et qui reste globalement fidèle à ses pratiques religieuses.

Le cas particulier du Portugal

Malgré les conversions forcées de 1497 et le pogrom contre les juifs portugais de Lisbonne de 1506, la royauté portugaise fait preuve d'une certaine tolérance jusqu'au règne de Jean III le Pieux qui, en 1531, recourt à l'Inquisition. La nouvelle institution, inspirée du modèle espagnol, fait ses premières armes contre les hérétiques et les juifs espagnols réfugiés sur ses terres. Le pouvoir royal

C'est le franciscain Francisco Jiménez de Cisneros (1437-1517), cardinal-archevêque de Tolède (ci-dessus) et inquisiteur général, qui organisera les campagnes de conversions forcées à Grenade.

Si l'Inquisition portugaise – six tribunaux dépendant de celui de Lisbonne sont créés en 1534 – organise des autodafés dès 1540 (ci-contre), ce sont ses tribunaux aux Indes orientales (Carthagène des Indes et Goa) qui s'avèreront les plus actifs, notamment vis-à-vis des colons européens.

organise la répression inquisitoriale contre les juifs et les crypto-judaïsants avec l'appui du pape Paul III. Dès 1536, six tribunaux sont créés et, en 1540, le premier autodafé a lieu à Lisbonne, suivi d'un second, en 1544, où dix-neuf *marranos* sont brûlés. La disparition sans descendance du roi Sébastien provoque en 1580 le rattachement du Portugal au royaume d'Espagne et le durcissement de la répression contre les dernières communautés juives du Portugal.

La procédure espagnole : dans le secret du Saint-Office

Depuis sa création, la machine inquisitoriale repose principalement sur la délation. Dans la majorité des cas, à la suite de la proclamation d'un édit de la foi rappelant les erreurs et les déviances religieuses, un temps de grâce fixé par l'inquisiteur permet aux coupables de se présenter aux officiers de l'Inquisition et aux autres de venir dénoncer des suspects potentiels, hérétiques en actes ou en paroles. Si l'auto-dénonciation permet de maintenir le secret sur toute l'instruction et sur la sentence, la dénonciation par un tiers entraîne la convocation devant

La finalité de l'interrogatoire (en haut) et du procès «n'est pas, selon Francisco Peña, de sauver l'âme de l'accusé, mais de procurer le bien public et de terroriser le peuple». Participent de cette «pédagogie de la peur» (Bartolomé Benassar) les bûchers sur les places publiques et le port du *sambenito* (ci-contre), tunique jaune, noire pour les condamnés à mort, frappée d'une croix rouge.

La procession solennelle de l'autodafé terminée, les tuniques portées par les condamnés étaient accrochées dans les églises et les cathédrales des villes, perpétuant ainsi la mémoire de l'infamie et de l'exclusion sociale du pénitent, qui ne pouvait plus occuper de charges publiques.

l'inquisiteur et l'interrogatoire après enquête. Construit sur trois audiences, l'interrogatoire est souvent défavorable au suspect, ce dernier ne connaissant pas les charges qui pèsent contre lui, ni les témoins à charge qu'il ne peut récuser. L'angoisse du prisonnier, l'isolement, le climat de terreur des audiences et les pressions psychologiques de tous ordres permettent parfois à l'inquisiteur d'obtenir des aveux rapides et complets. Dans les cas d'hérésie ou d'apostasie, l'inquisiteur, pour étayer des aveux jugés insuffisants contenus dans l'acte d'accusation, peut proposer la mise à la question de l'accusé. Trois séances de torture sont autorisées par le tribunal et organisées en présence de l'inquisiteur ou de son agent, le familier. La sentence, prononcée directement

La torture (ci-dessous), moyen habituel de recherche de la «vérité» pour les inquisiteurs, est strictement codifiée. Trois types de supplices sont appliqués : la *garrucha*, poulie qui manœuvre une corde liant les poignets du suspect, celui-ci étant levé lentement puis relâché par secousses successives; le *porro*, chevalet sur lequel on attache le suspect par des cordes qui déchirent progressivement ses chairs; la *toca*, entonnoir de tissu utilisé pour gaver lentement d'eau le suspect.

après les audiences ou suivant la mise à la question, clôt le procès. Elle va de la simple remontrance à la demande d'abjuration légère (*de levi*) ou forte (*de vehementi*), voire à la réconciliation de l'accusé par sa participation à l'autodafé.

Cérémonie publique et solennelle au cours de laquelle les condamnés par l'Inquisition sont exposés à la foule, l'autodafé, après la proclamation des sentences et du sermon, prend fin avec la «relaxation» ou, le cas échéant, la remise des condamnés à mort au bras séculier. Créée par l'Inquisition espagnole, la cérémonie s'accompagne d'une symbolique forte. Les accusés avancent en

A partir de 1478 et durant près d'un demi-siècle, plus de 95 % des victimes de l'Inquisition seront des crypto-judaïsants. A Barcelone, sur près de mille deux cents personnes poursuivies par l'Inquisition jusqu'au début du XVIe siècle, on en compte moins de dix qui ne sont pas juives.

procession, habillés du *sambenito*, vêtement d'infamie porté durant un temps déterminé après l'autodafé, suivant le délit. Très souvent, des peines temporelles sont prononcées : amendes, confiscation de biens, coups de fouet en public mais aussi peines de prison et de galères, ou encore, avec plus de clémence, pèlerinage en Terre sainte.

Au XVIe siècle, la monarchie espagnole favorise la colonisation dans les nouveaux territoires d'Amérique centrale. Pour mieux y préserver l'orthodoxie religieuse et consolider l'unité territoriale parfois péniblement acquise, elle «exporte» très tôt les tribunaux de la foi outre-Atlantique.

La rigueur des peines durant les premières années de l'Inquisition – 35 à 40 % des accusés condamnés à la peine capitale – marquera profondément les esprits et nourrira l'imaginaire des peintres, notamment Vélasquez (ci-dessus) et Goya (à gauche).

L'AUTODAFÉ

Dans la procédure espagnole, l'autodafé (*auto da fé*, «acte de foi») est avant tout une cérémonie religieuse fastueuse, qui se déroule le plus souvent en présence du roi et de la cour, et que préside l'inquisiteur général. Il est célébré chaque année ou tous les deux ans dans les villes possédant un tribunal, ici Madrid, le 30 juin 1680. Une grande procession à laquelle participent les autorités civiles et religieuses de la ville, les moines et les pénitents, converge vers la place publique dans une impressionnante mise en scène. La foule se doit d'y participer par ses chants et ses prières. Là se déroulent l'abjuration publique des «erreurs», la réconciliation au sein de l'Eglise, l'application des peines (exposition des coupables à demi nus, coups de fouet) et la remise au bras séculier des condamnés à mort. La cérémonie s'achève par un bûcher sur lequel on brûle les relaps, les hérétiques impénitents et les effigies des condamnés par contumace.
Ce cérémonial public, qui a particulièrement inspiré l'imagerie populaire, était en opposition totale avec le principe du secret en vigueur dans la procédure. Il devint, dès le XVIe siècle, le symbole de la terreur inquisitoriale.

L'Inquisition contre le paganisme

Après la prise de Mexico (1519) par Hernán Cortés et l'écroulement de l'Empire aztèque (1521), les moines chargés de la christianisation adoptent très vite des mesures de type inquisitorial pour lutter contre le paganisme des Indiens (le premier procès attesté se déroule en 1522 pour concubinage). En 1523, des enquêtes inquisitoriales se mettent en place pour recenser les juifs et les morisques dont l'immigration vers le Nouveau Monde est interdite. Le faible effectif des séculiers amène la couronne d'Espagne et Rome à concéder les pouvoirs inquisitoriaux aux ordres monastiques.

Avec l'arrivée des missionnaires franciscains et de l'inquisiteur Martin de Valencia, en 1524, les procès se multiplient. Les Dominicains, dès 1526, puis les Augustins, à partir de 1533, participent activement aux enquêtes. Dans un premier temps, les inquisiteurs font peu de cas des Indiens, fraîchement convertis. Les Européens constituent l'essentiel des condamnés – notamment pour blasphèmes, dans un tiers des cas jugés. En 1528, le premier autodafé est organisé à Mexico par l'inquisiteur dominicain Vicente de Santa Maria contre des catholiques espagnols et des crypto-judaïsants dont deux finissent au bûcher, seuls cas de pratique judaïque condamnée par l'Inquisition mexicaine.

Au Mexique, l'Inquisition va essentiellement poursuivre les Européens et sa répression ne sera pas aussi cruelle qu'en Espagne : peu de condamnations à mort et beaucoup de «réconciliations» tel est le bilan de deux siècles de fonctionnement de l'institution. La suppression administrative de l'Inquisition au Mexique, en 1820, interviendra plus d'un siècle après sa disparition de fait, le dernier autodafé dans la Nouvelle-Espagne (ci-contre) ayant eu lieu en 1716.

LES TRIBUNAUX MEXICAINS

En 1532, le franciscain Juan de Zumarraga, premier évêque de Mexico, est nommé inquisiteur épiscopal par l'inquisiteur général d'Espagne. Engageant la lutte contre «l'hérésie et l'apostasie dans la ville de Mexico et l'évêché», Zumarraga juge près de deux cents cas, crée un nouveau poste de fonctionnaire, le *fiscal*, chargé de l'instruction des dossiers, et déclenche surtout une campagne contre l'idolâtrie aztèque, qui se poursuivra jusqu'au milieu du XVIe siècle. Priorité est alors donnée à la lutte contre la Réforme et à l'application des orientations du concile de Trente : on surveille les voyageurs, chaque ouvrage est contrôlé... Le tribunal de l'Inquisition, installé à Mexico en 1570, a toutefois un fonctionnement épisodique : seuls 15 % des suspects font l'objet d'un véritable procès avant 1600. Quant aux peines infligées, l'inquisiteur mexicain se démarquera de son homologue espagnol par sa relative clémence, ordonnant quelques rares condamnations à mort et limitant l'usage de la torture.

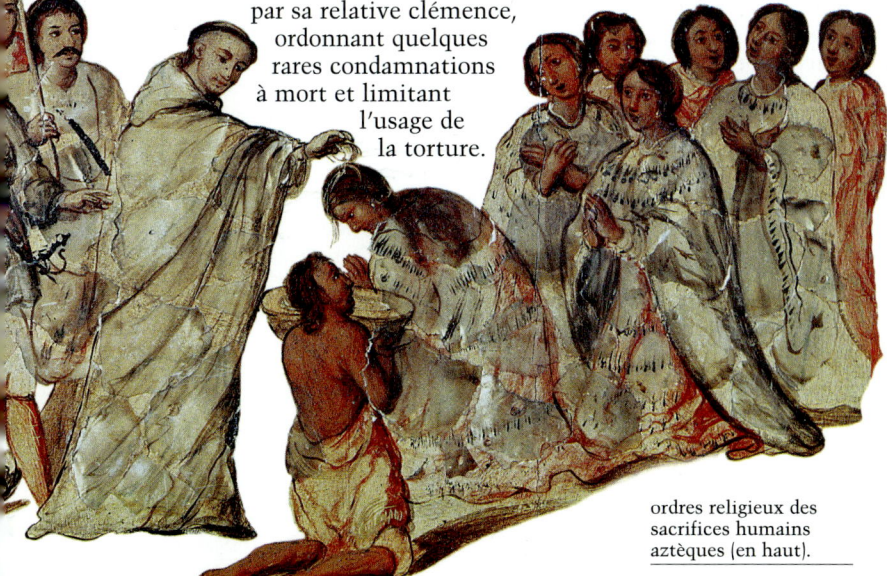

La christianisation des populations du Mexique (ci-dessous, baptême d'Indiens par le dominicain Bartolomé de Olredo) s'accompagnera d'une condamnation par les *conquistadores* et les ordres religieux des sacrifices humains aztèques (en haut).

L'Inquisition péruvienne

Au Pérou, après la victoire du conquistador Pizarro sur les Incas (1532) et l'exécution de leur chef Atahualpa (1533), les missions religieuses baptisent de force les populations. En 1538, l'évêque de Cuzco, Vicente de Valverde, est délégué comme inquisiteur par le Saint-Office espagnol. Initialement chargé de la lutte contre les hérésies propagées par les étrangers de passage, il s'intéresse, faute de dissidents, à l'idolâtrie païenne, contre laquelle il publie les édits de 1545. Réuni à Lima, capitale de la vice-royauté de Nouvelle-Castille, un concile confirme en 1551 ces dispositions et fait appel aux Dominicains et aux Jésuites pour mener à bien la christianisation. En 1568, Madrid crée le tribunal du Saint-Office péruvien.

Le vice-roi Francisco de Toledo, arrivé à Lima en 1570, tempère quelque peu l'ardeur inquisitoriale contre les Indiens. Conscient de la précarité de leur foi, il les fait exclure de la juridiction de l'inquisiteur, et l'idolâtrie est associée au délit de sorcellerie, peu condamné en Espagne. Dominicains et Jésuites dénoncent cette politique par laquelle seuls les Européens sont inquiétés, qu'ils soient soupçonnés d'hérésie, de connivence avec la Réforme ou de blasphème. L'Inquisition de Lima va jusqu'à faire brûler des marins anglais accusés de blasphème, lors d'un autodafé, en 1572.

Il faut attendre le concile de Lima de 1582 et le retrait de Francisco de Toledo pour que l'Inquisition

Si l'Inquisition péruvienne traque, au début du XVIᵉ siècle, les rares luthériens et morisques présents en Nouvelle-Castille – dont plusieurs seront brûlés en 1548 et 1560 –, les *conquistadores* (ci-contre, l'un des plus célèbres, Alonso de Albuquerque) ne seront bientôt plus inquiétés par les inquisiteurs, occupés à leur mission de christianisation des populations (ci-dessus) et de lutte contre l'idolâtrie.

VICITADOR BECITADOR·PROVE

s'intéresse de nouveau aux idolâtres. Au XVIIe siècle, le *Manuel de l'extirpateur* présente l'idolâtre comme un apostat, un hérétique donc, qui peut être jugé par l'Inquisition. Parallèlement au Saint-Office, une institution spéciale est créée, la «Visite des idolâtries». Fondée sur des édits de grâce accordant notamment l'absolution en cas de dénonciations spontanées, la Visite dispose d'un juge et d'un notaire itinérants, chargés de vérifier les croyances et les cultes des populations indiennes. Mais en 1649, devant les oppositions de l'Eglise et les accusations de laxisme portées contre les Visiteurs, le Saint-Office et la Visite se rapprochent. Ils ne formeront, à partir de 1651, qu'une seule et même institution qui, malgré son omniprésence en Nouvelle-Castille, ne fera pas disparaître l'idolâtrie indienne.

La réfutation officielle de l'idolâtrie, en 1538, provoque l'organisation de campagnes contre ce «fléau» par les inquisiteurs péruviens. Le premier autodafé contre les idolâtres a lieu en 1560, à Lima, mais les campagnes ne reprendront réellement qu'au début du XVIIe siècle. Peu efficaces, celles de 1610, puis de 1625-1626 sont menées par Gonzalo de Campo. Seule la campagne de 1641-1671 obtient de meilleurs résultats, avec la création de la Visite des idolâtries (ci-dessus, un juge de la Visite).

Avec la propagation du protestantisme, l'Inquisition a connu ses premiers échecs. L'utilisation de la terreur en Italie, une répression accrue dans les Etats espagnols et des réformes profondes de l'institution ne vont pas suffire à son maintien dans la plupart des Etats européens. A partir du XIXe siècle, l'Inquisition n'instruit plus guère de procès et tombe lentement en désuétude.

CHAPITRE VI
LES DERNIERS BÛCHERS

Le concile de Trente (ci-contre) prend conscience du décalage entre la répression qui sévit en Europe et la nouvelle situation religieuse. Procédures vétustes, méthodes brutales et pouvoirs exorbitants sont remis en cause, tout comme l'omnipotence d'une institution que symbolise ici l'arrogance du duc de Benavente, grand inquisiteur en Espagne.

L'Eglise, au début du XVe siècle, à la suite du concile de Constance (1414-1418), semble reconstruire son unité avec l'élection d'un pape unique qui met fin au schisme d'Occident. Mais le renouveau religieux vient essentiellement des idées humanistes, porteuses d'une exigence de réforme, dont le protestantisme, après les dissidences de Jean Huss en Bohême et de John Wycliff en Angleterre, sera l'un des aboutissements. Tandis qu'une grande partie du clergé s'engage dans le siècle, occupant des charges temporelles et cédant des charges ecclésiastiques aux princes, le commerce des indulgences, assurances données aux chrétiens afin de raccourcir leur séjour au purgatoire, se multiplie. Il servira de point d'appui aux critiques de Luther et des réformateurs protestants. Dans cette période de crise religieuse, l'Inquisition sera peu sollicitée.

La vague protestante et la Contre-Réforme

Après 1517, l'Allemagne adhère progressivement aux idées luthériennes. La Réforme est en marche.

Dans le sud de l'Empire et dans les cantons suisses, le prédicateur Zwingli s'impose, dès 1521, par une Réforme «humaniste» et provoque une réorganisation profonde du culte à Bâle. Martin Bucer préconise à Strasbourg l'indépendance du Magistrat et de l'Eglise ainsi qu'une tolérance religieuse. En 1536, c'est Jean Calvin, qui, fuyant les premières persécutions en France contre les protestants, s'installe à Genève pour en faire un bastion de la Réforme dont il diffuse les idées grâce à l'imprimerie.

Dès 1519, des princes, des religieux et certains humanistes ont condamné l'enseignement de Luther et organisé la Contre-Réforme en Europe. La papauté reste paralysée, Léon X ayant accueilli favorablement les premières critiques contre l'Eglise et sa féodalité développées par Erasme dans l'*Eloge de la folie*. A l'exception de l'Espagne, où elle est devenue

Au XVe siècle, le développement de l'humanisme est à l'origine des premières critiques de l'Eglise. L'esprit nouveau s'exprime dans les écrits de certains religieux, tel Erasme, qui, malgré les appels de Luther, ne rejoindra pas le courant réformateur. Des allégories anti-catholiques dénoncent les vices de l'Eglise (ci-contre). En 1515, la vente d'indulgences par le dominicain Tetzel (page de droite), pour permettre l'achèvement de la basilique Saint-Pierre de Rome et apporter un soutien financier au nouvel archevêque de Mayence, provoquera la colère du moine allemand Martin Luther et la rédaction de ses thèses réformatrices.

inséparable du pouvoir d'Etat, la présence de
l'Inquisition en Europe reste théorique. Les
princes catholiques ne tiennent pas à son retour
sur le devant de la scène, même pour lutter
contre la propagation rapide du protestantisme.

Malgré la victoire
de Charles Quint à
Mühlberg sur les
armées de la Réforme
en 1547 et l'imposition
du rite catholique
dans l'Empire, la foi
protestante reste
définitivement établie dans
le Wurtemberg, la Poméranie
et le Brandebourg. Avec la
paix d'Augsbourg (1555), la
légalité des deux confessions,
catholique et luthérienne,
devient une réalité dans les
terres impériales. En France,
François Ier massacre les
vaudois toujours actifs dans le Lubéron et acquis
à la Réforme (1545). Sous le règne d'Henri II, seuls
les parlements de Bordeaux et de Paris prononceront
des condamnations d'hérétiques, mais ils
refuseront la reprise de l'activité
inquisitoriale.

En 1517, Luther
condamne la
pratique des indulgences
dans les quatre-vingt-
quinze thèses qui
seront rapidement
imprimées et diffusées
par ses partisans.
Refusant de se rétracter
devant les théologiens
délégués par Rome,
condamné en 1520
par la bulle *Exsurge
Domine* du pape Léon X
(1513-1521), Luther
maintient ses positions
à Worms devant
l'empereur Charles
Quint (ci-dessous).
Il sera excommunié
en 1521.

Sur intervention royale, les pouvoirs inquisitoriaux seront confiés aux cardinaux de Lorraine, de Bourbon et de Châtillon, dont l'action se révéla inefficace. C'est le dernier sursaut de l'Inquisition en France. Dès 1557, le roi règle seul et officiellement les crimes d'hérésie. En 1663, la régente Catherine de Médicis refusera la convocation de cardinaux français devant le tribunal du Saint-Office de Rome, affirmant ne pas connaître cette juridiction. En 1703 et 1707, les charges d'inquisiteur de Carcassonne et de Toulouse disparaîtront dans l'indifférence générale.

Le concile de Trente et le déclin de l'Inquisition romaine

Au XVIe siècle, la nécessité de rénover l'institution inquisitoriale pour endiguer la diffusion de la Réforme devient un des objectifs de la papauté. Sous l'impulsion de Paul III (1534-1549), puis de Paul IV (1555-1559), par la bulle *Licet ab initio*, le pape Paul III (à gauche) réforma l'Inquisition, qui prit le nom de Saint-Office, pour lutter contre le protestantisme en Italie. Disposant désormais du soutien de l'autorité séculière, il reçut l'appui de la Compagnie de Jésus (ou Jésuites), ordre militant contre-réformateur fondé par Ignace de Loyola (page de droite) en 1540. Dirigé par l'inquisiteur Carafa, futur Paul IV, l'action du Saint-Office sera terrible jusqu'en 1559, emprisonnant, torturant et exécutant tous les dissidents religieux ou opposants politiques en Italie. Il faudra attendre Pie IV (1559-1565) et la réunion du concile de Trente pour voir une réforme de l'Eglise et de l'outil inquisitorial.

LA FIN DU CATHOLICISME «UN ET UNIVERSEL»

l'Inquisition restaurée impose une politique purement répressive, en dehors de tout concile général. A la mort de Paul IV, la colère des Italiens provoquera la destruction du palais de l'Inquisition à Rome, la libération des prisonniers qui emplissaient le château Saint-Ange et un grand bûcher des archives du Saint-Office.

La réunion, à Trente, des représentants de l'ensemble de la chrétienté (1562-1563) marque la rupture du catholicisme, qui n'est plus «unique et universel», avec l'Eglise médiévale. La présence de l'Inquisition n'est pas souhaitée au concile : l'hérétique n'est plus désormais celui qui se situe hors de la foi, mais celui qui, tout simplement, refuse les enseignements de l'Eglise. Les poursuites ne peuvent donc concerner que des individus entrés par le baptême dans l'Eglise, et non ceux qui ne lui ont jamais appartenu.

Le pontificat de Pie V (1565-1572), ancien inquisiteur, conclut la dernière période active de l'Inquisition romaine. Sur ses directives, l'institution est chargée de discipliner le corps social dans sa vie spirituelle et d'organiser un clergé rénové et intègre, construisant un conformisme religieux et intellectuel particulier à l'Italie. Si un autodafé a encore lieu une fois par an dans la basilique Saint-Pierre de Rome sous Grégoire XIII (1572-1585) et Sixte Quint (1585-1590), il condamne des personnalités «atypiques», comme le calviniste Bartolomé Bartoccio (1569), le poète Niccolo Franco (1570) ou encore le dominicain Jacques Paléologue (1585). Dès le début du XVIIe siècle, la Réforme est en effet écartée des principales régions d'Italie; seule Venise et les vallées du Piémont abritent encore des communautés vaudoises. L'institution étend ses compétences aux délits de péché mortel (sodomie et homosexualité) mais ne peut se maintenir dans un pays acquis à la «vraie foi». Les hérétiques «authentiques» sont rares. Dans ce siècle, le procès de Galilée (1633) reste l'un des derniers grands dossiers de l'Inquisition. Les gouvernements «éclairés» de la fin du XVIIIe siècle supprimeront les charges d'inquisiteur.

L'affaire Galilée (page de gauche, devant l'Inquisition) déclenchera de violentes critiques contre l'Eglise qui, à travers les découvertes de l'astronome, condamne les avancées de la science. Galilée n'est pas le seul à subir ces pratiques. Aux XVIe et XVIIe siècles, d'autres personnages de premier plan connaissent la suspicion inquisitoriale, tels Ignace de Loyola, en 1526, à Tolède, dont l'enseignement est mis en doute puis interdit; la mystique Thérèse d'Avila, inquiétée en 1574 pour illuminisme; le dominicain Giordano Bruno, brûlé à Rome en 1600 pour avoir défendu un univers infini; ou encore le peintre Véronèse pour son tableau *Le Repas chez Lévi*, considéré comme tendancieux.

Grandeur et mort de la «Suprema»

Au XVIe siècle, la Réforme protestante s'est imposée en Europe du Nord : en Suède, au Danemark, en Ecosse et en Angleterre. Si la France et l'Allemagne se trouvent encore déchirées, l'Espagne, qui, plus encore que l'Italie, reste liée à l'Inquisition, demeure un Etat solidement acquis au catholicisme. Elle développe sa propre réaction à la Réforme, où le Saint-Office joue un rôle déterminant.

L'Inquisition espagnole s'en prend d'abord aux *alumbrados* («illuminés»), partisans de la doctrine luthérienne, présents dans les cours de Tolède et de Cuenca. L'édit de 1525 entraîne de nouveaux autodafés. En 1529, à Grenade et Tolède, sous l'appellation «luthérien», on brûle illuminés, érasmiens et partisans de la Réforme. L'Espagne ferme ses frontières et se replie sur elle-même. Afin d'éviter toute intrusion d'hérétiques, l'Inquisition surveille les régions frontalières et maritimes. En 1558, Bartolomé de Carranza, archevêque de Tolède et primat d'Espagne, est lui-même arrêté, suite à ses *Commentaires* sur le catéchisme suspectés d'hétérodoxie.

Après les autodafés de Tolède, les inquisiteurs démantèlent, en 1557 et 1558, à Séville et Valladolid, des communautés luthériennes qui rassemblent des membres du clergé, de la noblesse et des franciscains. Plusieurs dizaines d'accusés finissent sur le bûcher. Aux Pays-Bas espagnols, la répression est plus sévère encore que dans la péninsule. Avec le soutien de l'inquisiteur Diego de Espinosa, le duc d'Albe, gouverneur des Pays-Bas (1567-1573), met en place un Conseil des troubles (appelé «tribunal du sang») qui terrorise les populations locales (ci-dessous,

Le protestantisme éradiqué, l'Inquisition perd de sa nécessité, malgré la traque des derniers *conversos*. La richesse convoitée des juifs et l'affaiblissement de la monarchie provoquent le retour des autodafés en 1650 à Séville, Grenade, Cordoue, Valladolid et Tolède. Mais les peines infligées sont désormais la prison, les bûchers s'allumant seulement à Majorque en 1678 et 1691 pour des juifs expulsés du Portugal. L'arrivée au pouvoir de Philippe V en 1700, l'expulsion de ministres ennemis de l'Inquisition et la présence royale à l'autodafé de 1720 rassurent les inquisiteurs. De 1721 à 1727,

autodafé à Bruges) mais ne parvient pas à éliminer le protestantisme, identifié au sentiment national hollandais.

les procès contre les *conversos* se concluent par une centaine de condamnations au bûcher sur les huit cent quatre-vingt-quatre accusés.

A partir de 1730, l'action de l'Inquisition se limite à la surveillance du clergé, à la censure des livres et à la lutte contre les coutumes ancestrales espagnoles (les «superstitions»). Il y aura moins de dix procès au XVIIIe siècle. L'Inquisition a des difficultés financières et l'Inquisiteur général, en disgrâce auprès du roi Charles III, est envoyé en exil en 1761. La dernière condamnation à mort par un tribunal de l'Inquisition espagnole est prononcée en 1781, malgré le soutien de Charles IV aux actions du Saint-Office. En 1808, l'occupation de Madrid par les armées napoléoniennes provoque une première disparition de l'institution.

Une survivance anachronique

En 1908, lors d'une réorganisation des administrations pontificales, l'Inquisition, qui sommeille depuis un siècle, reçoit officiellement le nom de Congrégation du Saint-Office, expression déjà en usage; le terme «inquisition» n'est plus de mise. Le tribunal est cependant maintenu et la procédure du secret persiste. Il faut attendre le pape Benoît XV (1914-1922) pour

Après le décret du 4 décembre 1808 de Napoléon Ier, le gouvernement espagnol des Cortès de Cadix supprime officiellement l'Inquisition le 22 février 1813. Ferdinand VII la rétablira à son retour sur le trône l'année suivante. Mais l'institution ne terrorise plus. En 1820, les palais de l'Inquisition de Barcelone et de Majorque sont pillés par la foule (ci-dessus). Le coup de grâce sera porté par la régente Marie-Christine le 15 juillet 1834, date à laquelle l'Inquisition en Espagne est définitivement supprimée et ses biens consacrés à «l'extinction de la dette publique» de l'Etat.

Ce tableau peint au XVe siècle par Pedro Berruguete qui figure saint Dominique présidant un tribunal inquisitorial a contribué à forger le mythe de saint Dominique fondateur de cette institution, créée dix ans après sa mort...

que la Congrégation du Saint-Office soit confiée, en 1917, à un cardinal et ne dépende plus du pape. Après la Seconde Guerre mondiale, le courant rénovateur de l'Eglise prône la disparition de cette institution désuète et inadaptée. Le concile Vatican II (1962-1965) engagera son ultime réforme. Le Saint-Office prend le nom de Congrégation pour la Doctrine de la Foi le 7 décembre 1965. Compétente pour ce qui touche aux points de doctrine et aux mœurs, elle subsiste aujourd'hui, malgré la volonté officielle de repentir du Saint-Siège à l'aube du troisième millénaire.

Le regard de l'Histoire

Dans la littérature du XVIe siècle, de Cervantès à Montaigne, en passant par Félix Lope de Vega ou Rabelais, les allusions à l'histoire de l'Inquisition et à ses exactions sont rares. L'outil inquisitorial n'est pas remis en cause. Ce n'est qu'aux XVIIIe et XIXe siècles que le sujet est abordé, avec la dénonciation de l'obscurantisme, notamment par Voltaire dans *Candide* (1759), ou encore lors de la relecture du procès de Galilée par les Encyclopédistes. Si Dominique devient « le persécuteur » et reste improprement considéré comme le fondateur de l'Inquisition par Voltaire et Diderot, l'institution elle-même demeure encore vierge de toute critique directe. Le silence est rompu avec l'étude des sources dans l'ouvrage de Juan Antonio Llorente, *Histoire critique de l'Inquisition d'Espagne* (1817). Cet ancien inquisiteur, qui avance le chiffre de plusieurs centaines de milliers de victimes, considère que l'institution est responsable

Les violences perpétrées par l'Inquisition espagnole ont profondément marqué l'imaginaire des artistes du XIXe siècle. Dans un grand nombre de gravures, la répression est souvent mise en scène de façon si dramatique qu'elle en devient caricaturale : ci-dessus, Torquemada expulsant d'Espagne le juif et sa famille.

du dépeuplement de l'Espagne. En France, Jules Michelet, dans *La Sorcière* (1862), estime que l'Inquisition espagnole a conduit à la mort sur les bûchers «six millions de juifs, [et] autant de Maures». La question du nombre des victimes – qui n'est pas des moindres –, continue à nourrir la polémique chez les historiens, au même temps que la justification de l'institution dans son aspect politique et coercitif.

Pour ce qui concerne l'Inquisition médiévale dans le midi de la France, le débat s'instaure avec l'ouvrage de Napoléon Peyrat, *Histoire des albigeois*, publié en 1870, qui consacre l'institution languedocienne comme un outil répressif et sanguinaire. Cette approche sera remise en cause par les historiens du XXe siècle qui, à la lumière de l'étude de ses archives judiciaires, proposent une image plus objective, s'attachant notamment à comprendre le rôle joué par les inquisiteurs et leur implication dans l'élaboration des procédures. Ainsi, l'Inquisition finit par se livrer pour ce qu'elle est : une institution façonnée par des hommes et non plus le seul bras armé d'une Eglise «infaillible».

De la question, appliquée dans le secret des cachots, aux bûchers, qui s'allumèrent jusque dans le Nouveau-Monde; de Montségur à Madrid; de la traque des hérétiques, des juifs et des maures à celle des «illuminés», des autodafés au procès de Galilée, l'Inquisition, qu'elle soit languedocienne, espagnole ou italienne, fut néanmoins un instrument de répression sans précédent qui poursuivit, sept siècles durant, jusqu'au sein de l'Eglise, toute forme de pensée hétérodoxe qu'elle prétendit extirper.

Le concile Vatican II, qui s'est tenu de 1962 à 1965 sous les papes Jean XXIII (1958-1963) et Paul VI (1963-1978), a engagé par un *motu proprio* (acte législatif à l'initiative du pape) une réforme profonde de l'Inquisition. Désormais, le Saint-Office est dirigé par un cardinal-préfet et possède son siège à Rome. Quant aux méthodes évoquant l'inquisition médiévale et moderne, elles ont été supprimées : nul ne peut être accusé et condamné par la Congrégation sans avoir été entendu ni avoir présenté sa défense.

TÉMOIGNAGES
ET DOCUMENTS

" Le devoir de l'inquisiteur se distinguait
encore de celui du juge ordinaire en ce qu'il n'avait pas
seulement à établir les faits, mais à s'assurer des pensées
les plus secrètes et des opinions intimes de son prisonnier. **"**

Henri-Charles Lea

Les mots-clés de la procédure inquisitoriale

A partir du XIVe siècle, certains inquisiteurs rédigèrent des ouvrages à l'intention de leurs confrères pour préciser leur rôle et codifier leurs actions. Les définitions proposées par les trois principaux manuels permettent de mieux appréhender la procédure inquisitoriale.

Premier manuel du genre, La Practica Inquisitionis heretice pravitatis *(1322) de Bernard Gui, inquisiteur de Toulouse de 1307 à 1324, apporte des éléments permettant de mieux cerner les hérésies en Languedoc et en Provence, mais reste flou quant à la procédure même. Edité en 1886 par l'historien catholique de l'Inquisition, Mgr Douais, il a été réédité en 1926 par Guy Mollat.*

Le Directorium Inquisitorum *(1376) du dominicain Catalan Nicolas Eymerich, inquisiteur général de Catalogne, Aragon, Valence et Majorque en 1357, a pour objectif d'offrir un document de droit inquisitorial en vue de l'exercice de la charge d'inquisiteur. Repris au XVIe siècle par le canoniste espagnol Francisco Peña, le manuel s'enrichit de textes de lois et de nouvelles dispositions de droit oubliées ou postérieures à l'édition eymericienne. Imprimés à plusieurs reprises aux XVIe et XVIIe siècles, le manuel et son complément ont été édités par Louis Sala-Molins en 1973.*

Le Repertorium Inquisitorum *est un dictionnaire des inquisiteurs composé à Valence en 1494 par un anonyme se réclamant du théologien et canoniste Albert. L'auteur, qui aurait exercé la charge de notaire inquisitorial, présente une codification du droit inquisitorial, reprenant les travaux d'Eymerich et intégrant les Instructions de Tomás de Torquemada. L'édition française a été réalisée en 1981 par Louis Sala-Molins.*

L'hérésie

L'hérésie est un crime de «lèse-majesté divine» qui consiste dans le rejet conscient d'un dogme ou dans la ferme adhésion à une secte dont les doctrines ont été condamnées par l'Eglise comme contraires à la foi (B. Gui, 1322).

Le mot «hérésie» peut avoir plusieurs significations. Selon Saint-Isidore, le terme émane du verbe *eligo* (élire), l'hérétique se déterminant entre une doctrine vraie et une fausse, refuse la vraie et «élit» comme vraie une doctrine fausse et perverse. Selon Hugues, le mot «hérésie» est un dérivé du verbe «adhérer», l'hérétique adhérant avec ténacité à une doctrine fausse qu'il tient pour vraie (N. Eymerich, 1376).

Le mot «hérésie» vient du grec et il signifie la capacité pour chacun de choisir ce qui lui semble le plus convenable. Le crime d'hérésie est le plus horrible des crimes, plus horrible que le crime de lèse-majesté, car Dieu lui-même est offensé. Et léser la majesté divine est un délit beaucoup plus grave que léser la majesté humaine (Valence, 1494).

Une «hérésie» est une opposition manifeste soit au symbole de la foi (le Credo), soit aux décrets de l'Eglise, soit aux livres sacrés (F. Peña, 1578).

L'hérétique

On applique de droit le qualificatif d'hérétique dans des cas bien précis : est hérétique tout excommunié, tout simoniaque, celui qui s'oppose à l'Eglise romaine et ose contester la dignité qu'elle a reçue de Dieu ainsi que celui qui commet des erreurs dans l'explication de l'Ecriture Sainte ou qui crée une nouvelle secte. Est aussi hérétique celui qui n'accepte pas la doctrine romaine en matière de sacrements, interprète autrement que l'Eglise de Rome un ou plusieurs articles de foi ou doute de la foi (N. Eymerich, 1376).

On appelle hérétiques tous ceux qui ne sont pas membres de l'Eglise catholique, ceux qui ne reçoivent pas la communion des mains des prêtres catholiques. L'est aussi celui qui s'écarte du dépôt de la foi, celui qui se laisse séduire par une opinion erronée sur les choses de la foi […]. L'hérétique est plus coupable que le juif, et il doit être plus sévèrement puni (Valence, 1494).

L'inquisiteur

L'inquisiteur doit être honnête dans son maintien, d'une prudence extrême, d'une fermeté persévérante, d'une érudition catholique parfaite. Le pape, de vive voix et par un bref apostolique, lui confère son autorité. Dans une irrégularité ou une excommunication, les inquisiteurs peuvent réciproquement s'absoudre ou se délier de l'excommunication. […] L'inquisiteur peut poursuivre tout laïc, quel que soit son grade ou sa condition, qu'il soit hérétique ou suspect. Je conseillerai néanmoins […] de ne point poursuivre publiquement les rois ou les personnes de rang royal; il est plus sage et plus prudent d'en référer à notre seigneur le pape (N. Eymerich, 1376).

Le ministre général [de l'ordre religieux] reçoit du pape le ministère d'élire et de nommer un inquisiteur. Il est donc clair que l'inquisiteur reçoit du pape le pouvoir juridictionnel. […] La défense de la foi chrétienne a été confiée à l'inquisiteur qui préfère toujours la vérité à la solennité. L'évêque et l'inquisiteur, indépendamment l'un de l'autre, peuvent citer réellement, […] arrêter un suspect, le faire garder, lui ferrer les mains et les pieds, lui faire un procès; ils peuvent recevoir des témoins, entendre des preuves, etc. (Valence, 1494).

L'inquisiteur doit être docteur en théologie, en droit canon et en droit civil. En Italie, ce sont les cardinaux inquisiteurs généraux qui nomment les inquisiteurs. En Espagne, ils sont nommés par le président du Sénat inquisitorial. […] Je conseille à l'inquisiteur d'affronter sans peur l'opinion publique dans les lieux où les hérétiques sont nombreux, mais à condition que l'inquisiteur soit un excellent théologien (F. Peña, 1578).

Le temps de grâce

Le temps de grâce est fixé à un mois à partir du sermon général. Ceux qui, pendant le temps de grâce, se dénoncent spontanément […] ne sont ni des dénoncés, ni des accusés, ni des cités à comparaître : ils avouent spontanément. L'inquisiteur modérera, à leur égard, sa sévérité (N. Eymerich, 1376).

Le temps de grâce a été introduit par la pratique habituelle des inquisiteurs, plutôt que par le droit (Valence, 1494).

L'inquisiteur détermine, à sa discrétion, la longueur de la période de grâce. Normalement, le temps de grâce dure un mois, une quarantaine à la limite. Ceux qui avouent pendant le temps de grâce seront toutefois pénalisés (F. Peña, 1578).

La délation ou la dénonciation

On admet, contrairement au droit commun, le témoignage des parjures, des criminels et des excommuniés. Si les dires des témoins [délateurs] ne s'accordent pas, l'inquisiteur constate qu'il ne s'accorde que sur «la substance de la chose ou du fait» et décide seul de la recevabilité des témoignages. Les dépositions des témoins sont communiquées au prévenu, mais leurs noms sont tenus secrets si on redoute pour eux des représailles.

Les délateurs seront écoutés judiciairement dans un laps de temps prévu pour cela. L'inquisiteur écrit de sa main, dans un petit cahier (comme un aide-mémoire) toutes les délations, les noms des délateurs et des dénoncés, les noms des témoins à interroger (N. Eymerich, 1376).

On entend par dénonciation la délation au juge d'un crime d'autrui pour qu'une pénitence soit imposée au criminel, ou pour qu'il soit condamné à une peine légitime […]. La dénonciation n'est rien d'autre qu'une démonstration sans conclusion. Elle produit son effet, qu'elle soit faite pendant le jugement ou en dehors de lui (Valence, 1494).

On évitera toujours les confrontations entre témoins et accusé dans les causes inquisitoriales, et cela pour des raison évidentes. S'il y a confrontation, il n'y a plus de secret (F. Peña, 1578).

L'inquisition ou l'enquête

Le temps de grâce écoulé, l'inquisiteur compulse son aide-mémoire, soupèse les délations, détecte celles qui sont peu vraisemblables, isole les crimes les plus graves et les plus dangereux pour la foi. Là où la gravité est la plus claire, l'inquisiteur commence d'enquêter, citant celui qui dénonça les faits. […] Si il n'y a ni aveu spontané, ni accusation, ni délation, l'inquisiteur enquête selon son propre office (N. Eymerich, 1376).

L'inquisition est le droit de procéder à la condamnation et à la punition de personnes nommément désignées comme coupables de certains délits. Elle reste la voie extraordinaire pour redresser et non pour punir. Dans un premier temps, l'inquisition est générale, le juge s'informe et cite à comparaître. Dans un second temps, elle devient spéciale, le juge citant le coupable et entendant de nouveau les témoins (Valence, 1494).

Par «enquête», il faut entendre l'investigation effectuée canoniquement par un juge bon et équitable sur un acte manifestement criminel [...]. Il y a enquête générale (*inquisitio generalis*) chaque fois que l'inquisiteur visite une province ou une région et qu'il édicte des décrets de recherche des hérétiques en général. Elle ne suppose pas qu'un crime d'hérésie ait été signalé préalablement. L'enquête ou inquisition spéciale (*inquisitio specialis*) est le droit de procéder à la condamnation et au châtiment des prévenus diffamés d'hérésie et nommément désignés. Elle suppose qu'il y ait eu délit effectif (F. Peña, 1578).

L'interrogatoire

Quiconque venant à comparaître [...] comme suspect est entendu et interrogé, est tenu de jurer les Saints Evangiles de dire la pleine et entière vérité sur le fait d'hérésie. [...] Un notaire rédige les procès-verbaux des dépositions dont on ne conserve que la substance ce qui, au sens du juge, «exprime mieux la vérité». [...] L'inquisiteur, en prudent médecin des âmes, procède avec précaution au cours de l'interrogatoire (B. Gui, 1322).

Tout inquisiteur tiendra compte des trois recommandations suivantes : il adapte ses questions à l'instruction, à la secte et au rang de l'accusé; la ruse est la meilleure arme de l'inquisiteur [...]. Les accusés qui se montrent solides seront facilement convaincus d'hérésie si on leur oppose des théologiens ou des juristes chevronnés. Il est très difficile d'examiner ceux qui dissimulent leurs erreurs; l'inquisiteur redoublera de ruse et de sagacité pour les suivre dans leurs retranchements et les amener aux aveux (N. Eymerich, 1376).

L'interrogatoire des témoins est mené devant l'inquisiteur, un notaire et deux autres religieux. Un témoin témoigne toujours en secret et doit prêter serment de dire la vérité. En fin de témoignage, il doit confirmer l'attestation écrite de sa déposition prise par le notaire. Il est des cas où l'interrogatoire du témoin commence par la torture (Valence, 1494).

La torture

L'inquisiteur préconise dans un premier temps la détention qui, savamment prolongée, «donne l'intelligence» au prisonnier et l'incline à se convertir. Le régime pénitentiaire implique tantôt les jeûnes, tantôt les entraves aux pieds, tantôt les chaînes aux mains, tantôt d'autres tourments plus cruels. Si le détenu se montre récalcitrant, on le soumet à la torture. L'ordre est donné d'éviter la mutilation et le danger de mort (B. Gui, 1322).

L'inquisiteur et l'évêque peuvent torturer, à condition d'en décider ensemble. Il n'y a pas de règles précises pour déterminer dans quels cas on peut procéder à la torture (N. Eymerich, 1376).

On torture l'accusé dont la culpabilité est établie à moitié (témoignage ou rumeur unique) et qui, interrogé, nie encore et encore. L'accord de l'évêque est nécessaire et la présence de l'inquisiteur ou de l'ordinaire est obligatoire. L'Eglise a pleinement le droit de torturer car la torture sert à dégager la vérité. On torture un clerc avec moins de rigueur que le laïc. A cause de l'énormité du crime d'hérésie, la torture peut être appliquée les jours de fête en l'honneur de Dieu, Notre Seigneur (Valence, 1494).

Aux origines, les inquisiteurs ne torturaient pas, de crainte de tomber dans l'irrégularité, et devaient faire appliquer les tourments par des juges laïques. [...] On se souviendra, avant de procéder à la torture, que celle-ci est moins d'établir un fait que de faire avouer celui dont on soupçonne la culpabilité et qui se tait. Si l'on peut établir le fait autrement que par la torture, on ne torturera pas, car, justement, la torture ne sert qu'à remédier au manque de preuves (F. Peña, 1578).

L'aveu

La culpabilité s'établit de deux façons : soit par l'aveu de l'intéressé, soit par la preuve testimoniale. Les inquisiteurs préfèrent de beaucoup l'aveu mais la difficulté consiste à l'obtenir (B. Gui, 1322).

De toutes les preuves, l'aveu est la meilleure. L'aveu est le remède par lequel une maladie cachée se manifeste avec l'espoir du pardon. Il y a aveu lorsque le déposant s'accuse de sa propre bouche, en cas d'évidence de faits, dans le silence de l'accusé ou dans la négation. L'aveu obtenu sous la torture a quelque valeur si l'avouant persévère en ratifiant ses aveux écrits devant le tribunal : il est appelé «aveu spontané». (Valence, 1494).

L'acte d'accusation

L'accusation est la voie ordinaire pour la punition d'un crime. L'effet de l'accusation est la déposition ou acte d'accusation établi par l'inquisiteur. Dans une cause comportant enquête et dénonciation, l'acte est indispensable, doit contenir ce qui doit être prouvé et ce qui suffit à établir la preuve. Il doit être bref, mais peut être prolongé en l'absence de l'adversaire. Il peut être établi contre les morts accusés d'hérésie, comme s'ils étaient vivants (Valence, 1494).

La sentence

La preuve du crime d'hérésie administrée, il reste au coupable l'alternative d'abjurer ses erreurs ou d'y persévérer. Dans l'un et l'autre cas, une sentence intervient (B. Gui, 1322).

Tout procès inquisitorial se termine par un verdict. Après examen des actes de l'accusé et de ses explications, et tenant compte de l'avis des experts, treize types de sentences ou verdicts peuvent être prononcés notamment l'absolution, l'expiation ou la purgation canonique, une nouvelle mise à la question, l'abjuration par suspicion faible, forte ou violente (N. Eymerich, 1376).

La sentence définitive, lue par l'inquisiteur en public, impose la condamnation ou la pénitence purgative, voire absolutoire. il existe trois formes principales de condamnation dans les sentences : condamnation d'un hérétique vivant, d'un hérétique défunt ou d'une maison à détruire jusqu'aux fondations (Valence, 1494).

Les peines

L'Eglise ne considère point les pénalités qu'elle inflige comme de vraies peines. Elle leur laisse un caractère de pénitences utiles au bien spirituel des inculpés d'hérésie. L'hérétique qui refuse opiniâtrement de rétracter ses erreurs et le relaps sont abandonnés au bras séculier. Cette décision préserve l'inquisiteur de l'irrégularité qu'il aurait contactée en participant à une sentence capitale. Tout prévenu qui ne comparaît pas devient contumace et encoure l'excommunication provisoire. Après un an, une sentence d'excommunication définitive est prononcée contre lui par le juge (B. Gui, 1322).

Outre les peines ordinaires, l'inquisiteur peut infliger des peines pécuniaires destinées à couvrir les frais de la Sainte Inquisition. L'inquisiteur peut aussi imposer des pèlerinages, des prières, des aumônes. Je propose que les sommes recueillies aillent directement à l'inquisiteur et ne tombent point dans le pouvoir des évêques au poing serré et à la bourse constipée (N. Eymerich, 1376).

On infligera aux hérétiques et à leurs adeptes des peines de différentes sortes. L'hérétique est *ipso facto* excommunié, peut être déposé et ses biens sont confisqués de plein droit, car telle est la loi en cas de crime de lèse-majesté divine. L'Eglise peut en appliquer bien d'autres, comme l'exil, ou l'imposition de peines et pénitences corporelles. Le juge ecclésiastique peut condamner l'hérétique et l'abandonner au bras séculier afin que celui-ci lui inflige les peines légitimes, comme s'il l'avait condamné lui-même. Les hérétiques condamnés comme «pertinaces» ou «relaps» doivent être brûlés vivants et consommés par le feu devant le peuple (Valence, 1494).

L'appel

L'inquisiteur passe outre à tout privilège d'exemption, aux procédés dilatoires et à l'appel (B. Gui, 1322).

Dans certains cas, l'accusé peut faire appel au pape. On tiendra ou on ne tiendra pas compte de l'appel selon les circonstances et selon les motivations. L'appel est juste si l'inquisiteur a enfreint la loi au cours du procès. Si ce dernier conclut qu'il est justifié, il en élimine la cause, reprend le procès au stade où il était lorsque fut commise la faute justifiant l'appel et poursuit normalement (N. Eymerich, 1376).

Il est tout à fait conforme aux règles que celui qui est accablé d'une peine à propos de n'importe quel crime puisse faire appel. Mais [...] celui qui a été condamné par une sentence définitive ne peut plus faire appel, car sa condition d'hérétique a déjà été établie et que, en tant qu'hérétique, il est dessaisi du bénéfice de l'appel qui lui est désormais interdit (Valence, 1494).

L'appel n'a pas été inventé pour protéger l'iniquité. [...] Il n'y a pas lieu de retarder les tortures à cause de l'appel, si les indices les justifient suffisamment (F. Peña, 1578).

L'abjuration

Si quelqu'un veut se repentir sérieusement et se détacher réellement de ses erreurs, il doit, avant d'être relevé de la sentence d'excommunication portée par le droit contre les hérétiques, abjurer absolument toute hérésie. L'abjuration sera consignée à la suite de son aveu (B. Gui, 1322).

Les suspects d'hérésie sont tenus d'abjurer dans tous les cas [suspicion faible, forte ou violente]. [...] L'abjuration, dans l'église cathédrale, se fera en langue vulgaire pour que tout le monde comprenne (N. Eymerich, 1376).

Il y a trois types d'abjuration, selon que la suspicion est faible, grave ou véhémente. L'abjuration sera publique, car public est le crime d'hérésie. Elle donne lieu à l'établissement d'une écriture que l'abjurant rédigera lui-même, ou qu'il signera tout au moins de sa propre main. Celui qui ne veut pas abjurer l'hérésie qu'il a commise [...] sera condamné en tant qu'hérétique et livré au bras séculier (Valence, 1494).

L'absolution

L'absolution est donnée à l'accusé d'hérésie ayant subi un procès ordinaire et qui apparaît totalement libre de tout crime d'hérésie. [...] L'absolution peut être aussi donnée par l'inquisiteur dans le cas d'une abjuration de suspicion d'hérésie violente (N. Eymerich, 1376).

Celui qui a la possibilité d'excommunier a aussi le pouvoir d'absoudre. L'absolution n'est donnée que si elle est demandée et elle est nulle si elle n'est pas précédée de l'imposition d'une sentence (Valence, 1494).

Dépositions et témoignages

L'histoire des répressions depuis ses origines est connue grâce aux archives des tribunaux inquisitoriaux. Si la plupart des registres du Moyen Age ont été détruits en France durant la période révolutionnaire, les archives espagnoles et les témoignages isolés de particuliers ou d'anonymes nous renseignent avec précision sur les procédures, les prisons et les méthodes de l'Inquisition moderne.

En Languedoc au XIIIe siècle

Extraits de la déposition d'Alzieu de Mabrassac qui relate les événements d'Avignonnet, où deux inquisiteurs et leur personnel sont assassinés en 1242, et le siège de Montségur de 1244.
Les renseignements donnés ici impliquaient clairement la responsabilité des hommes du comte de Toulouse dans l'assassinat d'Avignonnet. Ils furent tenus secrets par l'Inquisition.

L'an du Seigneur 1244, le 5 des nones de mai [3 mai 1244], Alzieu de Massabrac, requis... dit :

Ma grand-mère Fournière fut hérétique revêtue, et elle tenait publiquement sa maison avec plusieurs autres parfaites à Montségur. Et là, moi qui étais un enfant, j'allai plusieurs fois voir cette Fournière et ses compagnes les parfaites avec ma mère Aladaïs de Massabrac. Et là ma mère et moi avons plusieurs fois mangé avec ces parfaites à la même table du pain béni par elle et des autres... bénisse. Et là ma mère Aladaïs de Massabrac et moi avons adoré plusieurs fois ces parfaites... bonne fin.

Pour l'époque, il y a dix ans ou environ.

Item, j'ai vu Bertrand Marty l'évêque des hérétiques et beaucoup d'autres parfaits tenir publiquement leurs maisons à Montségur, et j'ai plusieurs fois vu cet évêque Bertrand Marty prêcher dans ce château.

Venaient entendre le sermon de ce parfait moi-même, Pierre Roger de Mirepoix, sa femme Philippa, Raimond de Péreille et sa femme Corba. [Suit une liste de plus cinquante noms.]

Pour l'époque, il y a trois ans, et depuis trois ans jusqu'à ce que les parfaits sortent du château.

Item, j'ai vu Arnaud d'Usson et son frère Bernard d'Alion venir à Montségur, et avec eux Guillaume de Planissoles. Et un jour où j'allais chez Bertrand Marty, je le trouvai qui prêchait. Il y avait là, qui écoutaient le sermon de ce parfait, Arnaud d'Usson, son frère Bernard d'Alion, Guillaume de Planissoles, Pierre Roger de Mirepoix, Pierre Vital, Corba, femme de Raimond de Péreille et Arpaïs, femme de Guiraud de Rabat.

Et là moi-même et tous les autres avons adoré ces parfaits comme il a été dit, après quoi je sortis de là et laissai ces parfaits dans cette maison. [...]

Pour l'époque, il y a deux ans et demi.

Item, alors que Jourdain du Mas était blessé à Montségur dans la barbacane qui était vers la machine, de la blessure dont il mourut, vinrent là Raimond de Saint-Martin et Pierre Sirven, les parfaits, qui consolèrent ce malade, bien qu'il eût perdu la parole, de la manière suivante :

Ils posèrent les mains et le Livre sur la tête de ce malade ou blessé, ils lurent et firent plusieurs génuflexions devant ce blessé, et prièrent, et lui donnèrent la paix, en le baisant deux fois sur la bouche en travers.

Assistèrent à ce consolement moi-même, Pierre Vital, Bernard de Saint-Martin, Guillaume Raimond Golairan, Bernard Rouain et Guillaume de Lahille. Et là moi-même et tous les autres avons adoré ces parfaits comme il a été dit. [...]

Item, j'ai vu que Guillaume de Plaigne vint à Montségur et apporta une lettre à Pierre Roger de Mirepoix en disant : «Voici la lettre que vous envoie Raimond d'Alfaro, le bayle du comte de Toulouse.»

(Interrogé sur la teneur de la lettre, il dit ne rien savoir). Il ajouta :

Le lendemain, Pierre Roger de Mirepoix fit sortir du château de Montségur Arnaud Roger, moi-même, Guiraud de Rabat, son frère naturel Raimond de Rabat [suit une liste d'une vingtaine de noms].

Et ainsi tous, tant moi que les autres, vînmes ensemble à la ville de Gaja. [...]

Puis tous, sauf Pierre de Mazerolles et Roger d'Aragon, avec beaucoup de sergents de Gaja, savoir Bourd de Mazerolles, Pons del Capela, Pierre Laurens, Guillaume Laurens, Raimond Aicart et d'autres que je ne connais pas, vinrent à une serre près du Mas, et de là, de nuit, vinrent près du château d'Avignonnet.

Quand nous fûmes là, entrèrent dans le château Arnaud Roger, Guiraud de Rabat, Bertrand del Congost, Oth de Massabrac, Guillaume de Plaigne et avec eux tous les hommes à pied.

Puis ceux qui étaient entrés dans le château sortirent en même temps que Guillaume Golairan d'Avignonnet avec des chandelles allumées. Raimond de Rabat et moi dormions alors. Nous nous réveillâmes aux clameurs qu'il y eut dans le château, et vîmes venir d'abord Jourdain du Mas, puis tous les autres qui étaient entrés dans le château. Ils emportaient des couvertures, des draps, les scapulaires des Frères Prêcheurs, des livres, des actes, et une chasuble peinte. Ils se vantaient d'avoir tué les Frères inquisiteurs, savoir Guillaume Arnaud, Etienne et leurs compagnons.

(Interrogé sur qui se vantait de la mort des Frères) : Pierre Aure dit qu'il en avait tué un avec un carreau, et Peirou un autre avec une hache, Imbert un autre avec une lance et un couteau, Raimond Aicart, Pons del Capela, Pierre Laurens, Guillaume Laurens, Bourd de Mazerolles, Pierre Vital le frère de Dousset et Guillaume de

Lahille se vantaient de même et disaient qu'ils avaient tué les Frères, et Jean Acermat se vantait de même de la mort des Frères.

(Interrogé sur qui portait ces choses) : Ceux de Gaja allaient chargés de choses qu'ils avaient tirées de là. Ils eurent les livres, Imbert deux scapulaires, Guillaume d'Aragnou un scapulaire et Sicard de Puivert un autre.

Quand nous fûmes tous revenus auprès de Pierre Roger de Mirepoix, il demanda à Jean Acermat : «Où est la coupe?». Jean Acermat lui dit : «Elle est brisée.» Pierre Roger dit : «Pourquoi ne l'as-tu pas apportée? Si je l'avais, j'y ferais un cornet en or et je boirais toujours dedans.»

(Interrogé de quelle coupe il parlait) : De la coupe de la tête de Frère Guillaume Arnaud.

Ainsi, après le massacre des Frères, tous retournèrent au château de Montségur.

(Interrogé s'il a été présent au meurtre des Frères) : Non.

Pour l'époque, il y aura deux ans la veille de l'Ascension.

Il a déposé cela par-devant Frère Pierre Durant, inquisiteur. Témoins Pierre Aribert, Bomacip et Guiraud Trépat, notaire, qui l'a écrit.

D'après Jean Duvernoy, *Le Dossier de Montségur* (Edition française), Le Pérégrinateur, Toulouse, 1998

Eugénie condamnée parce que marginale

En 1534, Eugénie est condamnée par l'Inquisition espagnole : elle est française mais réside à Tolède : elle porte le costume des pèlerins mais, sédentaire, elle enseigne aux enfants; en outre, elle entre parfois en extase. Dérangeant l'ordre établi, cette femme intéresse les inquisiteurs.

En 1534, une femme de Tolède en dénonce une autre à l'Inquisition : «Il y a deux ou trois mois que je connais une étrangère qui va en habit de pèlerin. Je ne sais pas d'où elle est, mais elle a l'air d'une Française. J'ai entendu dire qu'elle a vécu dans un monastère et qu'on n'a pas voulu l'y recevoir, pour n'avoir point de dot. Elle loge à l'auberge de Lazare de la Solanilla, à la porte de Cambron. Elle enseigne à lire dans les maisons particulières et passe le reste du temps à Saint-Jean-des-Rois (un grand monastère de Tolède). J'ai entendu dire qu'elle apprend à lire aux petites filles de Francisco Nuñez, le réconcilié... Elle s'appelle Eugénie... Parlant des bulles (des indulgences qui, moyennant une contribution financière annuelle, garantissent la remise des peines du purgatoire), elle a dit : "De saint Pierre et de saint Grégoire, je ferais cas. Mais pas de ces papes qui ne sont que des hommes, ni de leurs bulles... Tout ça, ce sont des histoires pour vous soutirer de l'argent..."» On arrête la suspecte. L'affaire se dégonfle très vite. Elle a seulement dit que le Saint-Père signait beaucoup de choses sans savoir ce qu'on faisait en son nom. Elle est condamnée à faire pénitence dans la cathédrale, un bâillon sur la bouche. On prétend surtout la chasser définitivement de Tolède. Elle y resta. Elle en reçut l'autorisation de Charles Quint, à qui elle écrivit personnellement au nom de leur commune origine bourguignonne au grand dam des juges locaux. Qu'elle demande officiellement l'autorisation d'enseigner mit le comble à leur indignation. Ecoutons l'un d'eux : «Il nous a paru dangereux que cette femme aille de maison en maison avec ses idées erronées, surtout vêtue comme elle l'est du bourdon et de la calebasse (signe distinctif des pèlerins), ce qui lui

La bannière de l'Inquisition de Goa.

donne plus de facilité encore pour entrer où elle veut. On l'a avertie oralement qu'elle peut rester dans cette ville, à condition de s'habiller comme personne qui y réside et non comme elle le fait, et de n'enseigner à lire à personne. Je crois que c'est le fait d'avoir été religieuse et de refuser de se vêtir autrement après quatorze ans de résidence... qui l'ont rendue suspecte. Cette liberté d'aller ainsi me semble très mauvaise, étant femme. Son insistance à obtenir la permission d'enseigner me paraît pire encore.» Le personnage avait de quoi inquiéter un homme d'ordre, car au fil du procès se dessine la silhouette d'une femme singulièrement «libérée».

Les inquisiteurs, désarmés, finissent par composer et l'autorisent à déposer à côté d'elle, lorsqu'elle entre publiquement en extase, un écriteau qui interdit de la déranger au nom du Saint-Office. Pourquoi ces persécutions? Le vocabulaire des juges ne laisse aucun doute : parce qu'inclassable, Eugénie chevauche plusieurs catégories entre lesquelles elle établit des passerelles. Elle assume tous les rôles, celui de l'homme et de la femme, celui du clerc et du laïque, du pèlerin et du sédentaire. L'Inquisition déteste ces polyvalents que leur position marginale rend imprévisibles.

A la même époque, le tribunal de Tolède s'intéresse, pour les mêmes raisons, à un étudiant d'Alcala, un ancien militaire prêchant au coin des rues en soutane courte, bien qu'il ne soit pas ordonné : un certain Ignace de Loyola.

Jean-Pierre Dedieu, *Historia spécial*, n° 47, mai-juin 1997

L'Inquisition de Goa

Médecin français arrêté à Daman, ville d'Inde orientale tenue par l'Empire portugais, Charles Dellon est accusé d'avoir tenu des propos imprudents et critiqué le culte des images. Malgré ses confessions, il est arrêté en août 1673, jugé par le tribunal de l'Inquisition de Goa et condamné à quatre ans d'emprisonnement. Libéré en 1687, il publie dix ans plus tard l'ouvrage racontant son histoire. Cet ouvrage, maintes fois traduit et réédité, connaîtra un grand succès. Il sera mis à l'Index par l'Eglise en 1690.

La prison de Daman est plus basse que la rivière qui en est proche, ce qui la rend humide et malsaine. Quelques années avant ma détention, tous les prisonniers qui se trouvèrent dedans, ayant creusé sous la muraille pour tâcher de se sauver, pensèrent y être

Les Sambenitos (gravure du XVIIIe siècle).

inondés par l'abondance d'eau qui y entra, et ce ne fut pas sans beaucoup de peine qu'ils furent préservés du malheur où l'amour de la liberté les avait précipités.

Les murs de cette prison sont fort épais. Cette triste demeure consiste en deux grandes salles basses et une haute, proche laquelle est l'appartement du geôlier. Les hommes sont en bas et les femmes en haut. La plus grande des deux salles basses a environ quarante pieds de longueur sur quinze de large, l'autre peut avoir les deux tiers de cette étendue. Nous étions dans cet espace environ quarante personnes, et il n'y avait point d'autre lieu pour satisfaire aux nécessités ordinaires que celui-là. Les prisonniers rendaient leur eau au milieu de cette salle, et le ramas de ces eaux croupies y faisait une espèce de mare. Les femmes n'avaient point d'autre commodité dans leur étage, et il n'y avait entre elles et nous que cette différence, que leurs eaux s'écoulaient de leur salle haute, et tombaient à travers du plancher dans la nôtre, où toutes ces différentes eaux croupissaient.

Pour les autres excréments, notre unique commodité était un large baquet qu'on ne vidait guère qu'une fois la semaine, en sorte qu'il s'y engendrait une multitude innombrable de vers, qui couvraient le pavé et qui venaient jusque sur nos lits. Pendant que je demeurai dans cette prison, le soin que je prenais de la faire nettoyer la rendait un peu moins horrible, mais quoique j'y fisse jeter de temps en temps jusqu'à cinquante seaux d'eau pour un jour, la puanteur ne laissait pas pour cela d'y être extrême. [...]

Aussitôt que je fus entré dans la chambre de l'audience, je me jetai à genoux aux pieds de mon juge, pensant le pouvoir toucher par cette posture suppliante; mais il ne me voulut pas souffrir en cet état et il m'ordonna de me relever. Puis m'ayant demandé mon nom et ma profession, il s'informa si je savais pour quel sujet j'avais été arrêté, il m'exhorta de le déclarer au plus tôt, puisque c'était l'unique moyen de recouvrer promptement ma liberté. Après avoir satisfait à ses deux premières demandes, je lui dis que je croyais savoir le sujet de ma détention et que s'il voulait avoir la bonté de m'entendre, j'étais prêt à m'accuser sur le champ; je mêlai des larmes à ma prière et je me prosternai une seconde fois à ses pieds, mais mon juge sans s'émouvoir me dit que rien ne pressait, qu'il avait des affaires à terminer beaucoup plus importantes que les miennes, qu'il me ferait avertir lorsqu'il en serait temps, et ayant aussitôt pris une petite clochette d'argent qui était devant lui, il s'en servit pour appeler l'*alcaide* : c'est ainsi qu'on nomme le geôlier ou concierge de l'Inquisition. Cet officier entra dans la chambre, m'en fit sortir et me conduisit dans une longue galerie qui n'en était pas éloignée, où nous fûmes suivis par le secrétaire.

Là je vis apporter mon coffre, l'on en fit l'ouverture en ma présence, on me fouilla exactement, on m'ôta tout ce que j'avais sur moi, jusqu'aux boutons de mes manches et une bague que j'avais au doigt, sans qu'il me restât autre chose que mon chapelet, mouchoir et quelques pièces d'or que j'avais cousues dans un ruban et que j'avais mises entre ma jambe et mon bas, où l'on ne s'avisa pas de regarder ; de tout le reste, on en fit sur le champ un inventaire et un mémoire aussi exact qu'il a depuis été inutile, puisque ce qu'il y avait et qui était de quelque valeur ne m'a jamais été rendu, quoique pour lors le secrétaire m'eût assuré que quand je sortirais, tout me serait fidèlement remis entre les mains et que l'inquisiteur même m'eût depuis réitéré la même promesse.

Cet inventaire fini, l'*alcaide* me prit par la main et me conduisit dans une cellule qui avait dix pieds en carré, où je fus renfermé seul, sans plus voir personne jusqu'au soir quand on m'apporta à souper. Comme je n'avais rien mangé, ni ce jour-là ni le précédent, je reçus avec assez d'avidité ce que l'on me donna, et cela contribua à me faire un peu reposer la nuit suivante. [...]

Après avoir resté en cette maison jusqu'au 23 de janvier, nous fûmes conduits encore dans la salle de l'Inquisition, et de là appelés chacun à son tour à la table du Saint-Office pour y recevoir des mains de l'inquisiteur un papier contenant les pénitences auxquelles il lui avait plu de nous condamner ; j'y allai en mon rang, l'on m'y fit mettre à genoux après avoir auparavant mis les mains sur les évangiles et promis en cette posture de garder inviolablement le secret sur toutes les choses qui s'étaient passées et dont j'avais eu connaissance pendant ma détention.

Charles Dellon demande sa grâce au nouvel Inquisiteur

Immédiatement après que l'inquisiteur général eut commencé à faire les fonctions de sa charge, je présentai une nouvelle requête, qui fut lue au conseil souverain, mais tout ce qu'elle produisit fut que dom Veríssimo, après l'avoir entendue, dit qu'il ne pouvait croire que ce que j'exposais fût véritable, n'y ayant pas apparence qu'on eût condamné un homme à cinq années de galère pour des raisons d'aussi peu de conséquence que celles qui étaient contenues dans ma requête.

Cette réponse du grand inquisiteur, dont le père capucin ne manqua pas de me rendre compte, me donna beaucoup de joie. Chacun m'assurait d'ailleurs que le prélat à qui j'avais affaire était également noble, savant et généreux : tout cela me détermina à lui faire rendre une nouvelle requête par laquelle je le suppliais de se donner la peine de faire lire mon procès, afin que par cette lecture il pût se convaincre que je n'avais rien avancé qui ne fût très véritable.

Dom Veríssimo fit donc lire tout au long mon procès en sa présence, et s'étant ainsi pleinement convaincu que je n'avais rien avancé de faux, reconnaissant d'ailleurs l'injustice et l'ignorance de ceux qui m'avaient condamné sous le spécieux prétexte de ma mauvaise intention, il ordonna que je serais au plus tôt libéré. Pour cet effet il écrivit lui-même au bas de ma dernière requête ces mots *Seja solto como pede, & se vá para França*, c'est-à-dire qu'il soit délivré comme il le requiert et qu'il s'en aille en France.

D'après *L'Inquisition à Goa, la relation de Charles Dellon*, 1687, Traduction Charles Amiel et Anne Lima, Michel Chandeigne, Paris, 1997

«El Sambenito»

Le san-benito est la casaque dont l'Inquisition affuble le condamné à l'issue de son procès. En 1778, Pablo de Olavide y Jauregui, gentilhomme castillan, haut fonctionnaire et homme de lettres, est emprisonné par l'Inquisition. El Sambenito, *de José Jiménez Lozano, est une reconstruction, de l'intérieur – c'est ici l'un des juges qui s'exprime –, du procès et de sa formidable machine à broyer.*

On n'en finirait plus de décrire le formidable réseau d'obstacles opposés par l'accusé à la liberté des inquisiteurs : courriers interceptés, papiers et dénonciations confisqués, témoins corrompus par l'argent ou la compassion. Ou encore la force et la vigueur d'un esprit qui fascinait, comme la couleuvre les petits oiseaux, jusqu'aux prêtres avec qui il discutait les questions de la Genèse et si Dieu avait fait le monde en six jours – à moins que ce ne fussent pas des jours – et comment s'était trompée l'Ecriture sur l'âge de la Terre – car il avait vu un corps fossilisé enfoui sous des couches de terre et de cela avait pu déduire, avec les philosophes mathématiciens, que le monde était plus vieux et s'était formé avec plus de difficultés que ne le disaient les livres saints. Revenant ensuite aux prêtres qui s'asseyaient à sa table, il leur disait avec une ironie hautaine et le sourire de Voltaire que l'Ecriture n'était pas claire sur le péché d'Adam – qui nous a tous blessé – ni n'indiquait si nous dussions nous considérer comme immortels ou si la terre mangerait tout, comme une grande gloutonne et dévoreuse. Et, s'asseyant comme au tribunal ou comme un censeur, il continuait avec une feinte modestie :
– Je ne suis, messieurs les prêtres, qu'un pauvre fidèle. Accordez vos discours, que je puisse obéir seulement aux Docteurs de la Loi.

Et de même, lorsqu'il niait la confession auriculaire, avec tout l'éclat des raisonnements vides de la philosophie, assurant qu'elle n'était pas d'institution divine, mais seulement ecclésiastique, et qu'on ne l'avait établie qu'au VIIe siècle. Et quand ils invoquaient les Pères de l'Eglise et alléguaient l'autorité des théologiens, il répondait que cela était le fruit et les difficultés d'époques moins éclairées, mais point de celle où l'homme se faisait juge et discutait de tout, creuset et burin, inquisiteur et pierre angulaire de toute connaissance, même celle révélée par Dieu, que, selon leurs propres dires, ils ne pouvaient admettre par voie d'autorité et sans raisonnement. Comme si les Pères de l'Eglise eux-mêmes savaient sur quel socle repose le monde, connaissaient la flamme qui alimente les chandelles des étoiles, s'étaient promenés par les labyrinthes où sont formés les hommes, ou avaient su pourquoi le soleil est disposé comme un luminaire et la lune comme un miroir, ou encore pourquoi les chiens nous regardent avec tant d'humanité et de compassion et par quelle alchimie de la mort sépare l'âme du corps, le laissant aux mains carnivores de la putréfaction.

Ces messieurs des Lumières se font un bien mauvais sang avec questions et leurs raisonnements, mais ils ne savent sortir de leurs livres et leur discours est plein de vent. Un jour prochain ils se retrouveront comme une outre remplie d'air piquée par une vipère, obligés de tout sortir. Il en est ainsi dans le cas présent : car l'accusé, dès qu'il tomba dans les tracas de l'Inquisition, se fit geignard et plaintif et, de raisonneur et juge des choses divines et humaines, le procureur et l'avocat tout à la fois de ses erreurs. Encore n'était-il pas dans de telles dispositions auparavant et ne le serait aujourd'hui si nous ne l'avions mis en sécurité dans nos cachots et ne l'avions mené de vive force devant ce tribunal si patient et miséricordieux, mais sévère et rigoureux envers ceux qui tant de fois l'ont moqué avec tant d'artifices et de détours. Ainsi pas même une anguille que l'on dit s'échapper des mains des hommes quand celles-ci trop fortement l'oppriment, ou un serpent féroce, de contact visqueux et répugnant, ne pourrait passer au travers des mailles indestructibles de notre juste filet.

Tous nos familiers écrivaient en effet de continuelles dénonciations contre l'accusé et ses amis et nous savions de longue date ce que pensaient et tramaient le curé Duval et l'évêque de Jaen dont la paresse à châtier, selon l'opinion de quelques théologiens, leur fait encourir, ainsi qu'à de nombreuses âmes, les périls du purgatoire sinon ceux de l'enfer. Nous savons bien qui étaient Juan Caamaño, Bernard d'Arquée et Manuel Lazaro, secrétaires de l'accusé, ou l'infatué Diego Pascal, le Français, commandant du village de Carboneros, qui portait le nom du philosophe, son compatriote, ennemi juré de la compagnie de Jésus et propagateur de l'athéisme par ses moqueries et ses cruautés, à part cela mathématicien absurde, qui a inventé ou voulu inventer des principes physiques contre la sagesse d'Aristote, qui plus est furieux janséniste.

[...]

Le dénommé Sébastien Steymer tomba ainsi en notre Inquisition, et nous l'interrogeâmes bien, et il nous dit bien ce qu'il savait de l'accusé. Encore lui avions-nous caché que nous le relâcherions, et le relâchâmes-nous, en effet, et il fut prompt à conter à l'accusé les secrets colloques qu'il tint avec ce Tribunal, et les informations qu'il en avait obtenues. Encore, six mois plus tard, tandis qu'il chantait déjà victoire, croyant nous avoir glissé des mains et rompu les liens indéfectibles par lesquels nous le tenions, l'arrêtâmes-nous de nouveau et lui montrâmes-nous toute l'avalanche de preuves que nous détenions de ce qu'il avait exécuté suite à son illusoire libération. De façon qu'il confessa ouvertement comment il avait été envoyé à Madrid au début de l'année 1776 par Bernard d'Arquée, en quête du frère Romuald de Fribourg, en réalité notre précieux informateur, qui tenait les rênes de notre procès. Et comment le dit Bernard lui recommanda qu'il s'enquît d'un certain Benito San Martin, ami très cher de l'accusé, qui rédigea pour Sébastien Steymer une rétractation de sa première confession, laquelle Manuel Lazaro reprit ensuite de sa plume.

Et nous le savions, car ce Manuel Lazaro, secrétaire de l'accusé et amoureux de sa femme de chambre, Caticha Dupont, bien qu'il fût attaché par les liens de l'affection, était plus obligé encore par les rêts de sa conscience chrétienne qui ne laissait pas de le tourmenter, et il se dénonça de lui-même, comme chrétien repenti, malgré ce que lui avait dit la Caticha :
– Je permets que tu me baises si tu ne te dénonces pas.

Car cette Caticha devait avoir moins de modestie et d'humilité chrétienne que d'amour pour son maître, et nous ne savons pas si cet amour tenait également de la chair et des baisers, plus que de celui qu'un sujet doit à son roi, une servante à ses supérieurs, qui est de respect et de vénération selon l'ordre naturel.

En outre, nous savions que le curé Pedro de Vera, de l'hôpital de Baeza, qui, interrogé, avait dénoncé au Tribunal de la dite ville les propos hérétiques de l'accusé sur la Providence et les miracles ou l'inutilité des œuvres, avait été pressé par l'accusé lui-même de se dédire au moyen d'une lettre qu'il envoya à ce Tribunal, après que l'accusé l'eut rencontré à Madrid, où, s'avançant à genoux devant un grand crucifix, il s'était exclamé, avec une pompe théâtrale :
– Tu sais, Seigneur, que je n'ai jamais manqué, dans le fond de mon cœur à notre Sainte Foi, et s'il m'est arrivé de dire quoi que ce fût contre elle, ma légèreté en est la cause ou le plaisir de la dispute.

Et peut-être l'accusé disait-il la vérité, priant ainsi devant le Seigneur, mais il n'en paraît rien, sinon imposture et spectacle, comme de ceux qu'il goûtait tant à Séville. Et il se comporterait comme un vrai Tartuffe celui qui prierait ainsi l'image sacrée pour correspondre ensuite avec Voltaire, continuer à détenir ouvrages et tableaux infâmes, et se gausser de bons mots.

[...]

Qu'il suffise, sans autre philosophie, du cachot de ce Tribunal pour conduire au repentir et au salut, l'accusé lui-même en est l'exemple. Sans avoir besoin du garrot, ni montré les ceps ou le fouet. Car dès que se confirma son pressentiment que le Saint Office était déterminé à agir contre lui sans que pussent le défendre des protecteurs comme Aranda et ses amis, qui tentèrent d'étouffer l'action cette Inquisition les années passées et en firent, tel Aranza, l'ambassadeur mécréant, un objet de risée auprès des nations étrangères, l'accusé se mit à implorer pardon et miséricorde. Non sans avoir auparavant écrit au ministre Roda, imaginant qu'il pourrait fermer la bouche et lier les mains de la susdite Inquisition, ainsi que le faisait Aranda.

[...]

Autre chose encore, Isabelle de los Rios, femme de l'accusé, mue par son amour pour lui ou contrainte par de féroces pressions, écrivit elle-même au ministre Roda et à l'Inquisiteur général, les fut voir et les importuna par ses lamentations et ses airs catastrophés et cette dame très illustre et vieille-chrétienne, qu'elle est en effet, fut bien près de vaincre le bras armé de ce Tribunal.

Ainsi étaient-ce les mauvaises langues, disait-elle, qui avaient dressé de son mari un portrait d'hérétique, l'avaient traîné devant le Saint Office et jusqu'en prison pour le couvrir à jamais d'infâmie et étaient parvenues à l'affubler du san-benito elle aussi, la femme de l'hérétique, comme déjà la désignait la populace, qui toujours se déclare catholique et partisane des actes de foi, des courses de taureaux, des bûchers, qui croit aux monstres et aux contes de bonnes-femmes. Et qui toujours envie le bonheur des autres et déteste les hommes sages. Et selon la dite Isabelle de los Rios, les nobles et les riches, qui n'avaient pas le goût des lettres, étaient également envieux, car sa femme de chambre, Caticha, en savait plus que de nombreuses duchesses, et son mari avait plus de théologie que la plupart des évêques, bien que, disait-elle, cela ne fût pas de son goût, et qu'elle eût préféré le voir prendre des maîtresses ou des amantes plutôt que de s'occuper de théologie, qui n'avait apporté à son moulin que le grain du malheur et de la ruine.

Pleurant toujours, mais sans perdre la force de répondre, elle discutait encore : quelle était cette religion qu'on lui avait enseignée, qui avait cours en Espagne et était si dangereuse que ceux qui la pratiquaient le mieux, comme son mari, étaient les plus persécutés? Elle rétorquait qu'ici il fallait faire comme les Indiens et les Africains, adorer des idoles et craindre comme des sorciers les curés et les frères car ils auraient été capables d'accuser d'athéisme saint Pierre lui-même, premier pape et pilier de l'Eglise. Et que son mari, comme pouvaient en témoigner le curé Duval et beaucoup d'autres, théologiens reconnus, écoutait la messe avec le recueillement d'un saint et ne se couchait jamais sans avoir dit sa prière et fait quatre signes de croix aux quatre coins du lit, dans lequel il se comportait en chrétien et non en Turc, en Maure ou en Don Juan luxurieux. Voilà pourquoi l'on traitait d'athée l'accusé, parce qu'il se refusait à chanter le rosaire, priant qu'il pleuve, parmi la foule et par les rues, pas plus qu'il n'écoutait les sermons des frères. Que l'Evangile disait autre chose et qu'être chrétien hors d'Espagne était chose plus sérieuse et de plus d'envergure et que son mari le savait. Et elle disait d'autres choses encore, pleine d'amertume et de désespoir, qui n'étaient ni d'une grande dame ni d'une vieille-chrétienne, bien que ce Tribunal l'excusât et lui rendît justice de l'amour qu'elle portait à son époux, quand bien même cet amour fût dévoyé, car mieux vaut la pureté de la foi que l'ardeur de l'amour conjugal, et, ainsi que le dit à Valladolid Philippe, deuxième du nom et plus grand roi d'Espagne, son fils eût été hérétique qu'il eût amassé lui-même le bûcher pour le brûler.

Mais Doña Isabelle alla jusqu'à offrir de l'argent pour acheter témoins et geôliers, juges et ministres, et amassa tant de haine contre ce Tribunal qu'elle lui donna, comme les juifs, les guérisseuses et femmes de mauvaise vie, les tireuses de cartes, les sorcières et les fornicatrices, le nom de «verge dure de l'Eglise», et au san-benito celui de «culotte» et encore appelait-elle ce Tribunal «Dame de la Croix-Verte», faisant d'autres offenses et horribles injures que seule la folie pouvait inspirer et seule supporter la patience de l'Inquisiteur général, toujours tolérant et doux.

A San Gines retentirent les douze coups de midi, au son d'autant plus funèbre que les secrétaires allaient à nouveau s'entretenir de mort et d'enfer, mérités par ceux qui avaient semé tant d'ivraie parmi les brebis espagnoles que même les dames de la plus grande qualité et les femmes les plus honnêtes n'étaient plus sûres des principes dans lesquels elle avait été instruites depuis l'enfance.

José Jiménez Lozano, *El Sambenito*, Editions Destino, Barcelone, 1972, Traduction de François Boisivon

L'affaire Galilée

En 1610, Galileo Galilei, professeur de mathématiques à l'université de Padoue, publie Sidereus Nuncius *(Le Messager céleste), qui présente notamment ses observations des satellites de Jupiter, effectuées grâce à une lunette. La découverte est d'importance : que des corps célestes tournent autour d'une planète qui n'est pas la Terre et celle-ci cesse d'être le centre du monde. Le système géocentrique du Grec Ptolémée, proclamé par l'Eglise à l'appui des Ecritures, en est sérieusement ébranlé. Convaincu comme Copernic que la Terre et les planètes tournent autour du Soleil, Galilée défend et diffuse ses idées dans un ouvrage en langue vulgaire,* Dialogue sur les deux principaux systèmes du monde, *qui saura capter l'intérêt du public, mais aussi celui des inquisiteurs.*

En 1610, sous le pontificat de Paul V, Galilée expose ouvertement ses thèses sur la rotation de la Terre et la fixité du Soleil. Sous la protection de la République de Venise en raison de ses thèses révolutionnaires, reçu cependant à Rome pour ses travaux, Galilée n'en est pas moins l'objet d'une enquête secrète de l'Inquisition, ordonnée par le cardinal Bellini. En 1613, suite aux attaques contre le professeur Castelli de Pise, élève de Galilée, celui-ci le soutient par une lettre exposant le système du Polonais Nicolas Copernic. Selon ce dernier, les planètes, la Terre notamment, tournent autour du Soleil, contrairement à l'hypothèse géocentrique de Ptolémée. Détournée et modifiée par le dominicain Caccini, la lettre tombe entre les mains des inquisiteurs pisans qui transmettent le dossier à l'Inquisition de Rome, le système copernicien étant considéré comme théorie hérétique par les autorités religieuses. Décidé à se défendre, Galilée se rend à Rome mais l'Inquisition condamne ses découvertes et celles de Copernic qui sont mises à l'Index le 26 février 1616, ordonne le retrait des livres de Copernic de toutes les librairies et conseille à Galilée d'abandonner ses théories, son «idée que la Terre tourne autour du Soleil est idiote, absurde, philosophiquement et formellement hérétique, car elle contredit très clairement la doctrine de la Sainte-Ecriture» (décret du 5 mars 1616).

Désormais en disgrâce, Galilée publie néanmoins en 1618 *L'Essayeur*, ouvrage qui s'interroge sur les méthodes de la science et qui reçoit le soutien d'un mathématicien, le cardinal Barberini. Ce dernier, devenu pape sous le nom d'Urbain VIII en 1623, autorise Galilée à rédiger un ouvrage exposant sans polémique les thèses de Copernic et de Ptolémée. Publié en 1632, le *Dialogue* (qui a reçu l'imprimatur de Florence et de Rome) sur les deux principaux systèmes du Monde est brillamment accueilli en Europe. Dans ce *Dialogue*, Galilée développe, sous les traits de Salviati, les idées coperniciennes sur le mouvement de la Terre, son interlocuteur, Simplicio, présentent les théories officielles de l'époque. Mais l'auteur a avantagé la thèse de Copernic : l'ouvrage est aussitôt interdit. Galilée est convoqué en octobre 1632 devant l'Inquisition à Rome. La cour de Florence, qui le protégeait, l'abandonne. En 1633, un tribunal de cardinaux, d'évêques et de théologiens, constitué par le Saint-Office, convoque de nouveau Galilée et déclare hérétique sa position et son enseignement. Le 22 juin 1633, Galilée, tenu d'abjurer, reconnaît son erreur et renie le système copernicien; il n'en est pas moins condamné à une réclusion sévère près de Florence. Brisé, à moitié aveugle, mais défendant toujours secrètement ses thèses dans son dernier ouvrage *Discours* (1638), publié aux Pays-Bas, il mourra en 1642. Ses travaux ne seront progressivement reconnus qu'après sa mort. Ainsi, le principe d'inertie, mis en évidence par Galilée en 1632, sera correctement énoncé par Descartes dans les *Principes* en 1644 puis par l'Anglais Newton.

Symbole du divorce entre la Science et l'Eglise, la papauté promet une révision du procès en 1979, les procédures inquisitoriales enlevées à Rome par Napoléon Ier ayant été rendues au Vatican par le gouvernement français contre cette promesse. Le 31 octobre 1992, le pape Jean-Paul II absoudra Galilée et ses juges, dont le cardinal Bellarmin, considérant l'affaire Galilée comme une «tragique et réciproque incompréhension».

Laurent Albaret

Proclamant l'unicité de la matière et des lois qui la régissent, Galilée fait bien plus qu'ébranler les nuées, il remet en question l'édifice social, appuyé sur les dogmes de l'Eglise. Le pape Urbain VIII acceptera la condamnation du physicien. La pièce de Bertolt Brecht La Vie de Galilée *décrit bien ce dilemme du pouvoir et de l'intelligence.*

La rencontre du pape et de l'inquisiteur

Un appartement au Vatican. Le pape Urbain VIII (anciennement cardinal Barberini) a reçu le cardinal inquisiteur. Pendant l'audience, on l'habille. On entend au dehors le piétinement de nombreuses personnes.

Le pape, d'une voix très forte : Non ! Non ! Non !

L'inquisiteur : Ainsi, à ses docteurs de toutes les Facultés, représentants de tous les ordres religieux et du clergé tout entier, en train de se rassembler, tous venus, avec une foi filiale en la parole de Dieu, consignée dans l'Ecriture, pour recevoir de Votre Sainteté confirmation de leur foi, Votre Sainteté veut annoncer que l'Ecriture ne saurait être considérée plus longtemps comme véridique ?

Le pape : Je ne ferai pas briser les tables de l'arithmétique. Non !

L'inquisiteur : Qu'il s'agisse des tables de l'arithmétique et non pas de l'esprit de révolte et de doute, c'est ce que disent ces gens-là. Or il ne s'agit pas des tables de l'arithmétique. Mais d'une terrible agitation qui s'est emparée du monde. Il s'agit de l'agitation de leur propre cerveau, que ces gens attribuent à la tette immobile. Ils crient : «Les chiffres nous contraignent!» Mais d'où viennent-ils, leurs chiffres? Chacun sait qu'ils viennent du doute. Ces individus

Galilée expliquant ses découvertes à un de ses élèves, alors qu'il enseigne à Padoue.

doutent de tout. Devons-nous fonder la société humaine sur le doute, et non plus sur la foi? «Tu es mon seigneur, mais je doute que ce soit une bonne chose.» «Voici ta maison et ta femme, mais je doute : ne devraient-elles pas être à moi ?» D'un autre côté l'amour de Votre Sainteté pour les arts, auquel nous sommes redevables de si belles collections, reçoit des interprétations injurieuses, comme celle qu'on peut lire sur les murs de Rome : «Ce que les Barbares ont laissé à Rome, les Barberini le lui volent.» Et à l'étranger? Il a plu à Dieu de soumettre le Saint-Siège à de rudes épreuves. Des individus dépourvus de clairvoyance ne comprennent pas la politique espagnole de Votre Sainteté, on déplore le désaccord avec l'empereur. Depuis quinze ans l'Allemagne est un état de boucher et on se déchire en citant la Bible. Et maintenant où, du fait de la peste, de la guerre et de la Réforme, la chrétienté se désagrège en quelques petits groupes, le bruit court à travers l'Europe que vous êtes engagé dans une alliance secrète avec la Suède luthérienne pour affaiblir l'empereur catholique. Et voici que ces vers de terre de mathématiciens pointent leurs tubes vers le ciel et annoncent au monde que même là, dans le seul domaine qu'on ne vous conteste pas encore, Votre Sainteté n'est pas bien au fait. On pourrait se demander : quel intérêt soudain pour une science aussi marginale que l'astronomie! N'est-il pas indifférent de savoir comment ces boules tournent? Mais personne dans toute l'Italie, et ça jusqu'aux valets d'écurie, qui ne disserte, à cause du pernicieux exemple de ce Florentin, sur les phases de Vénus; qui du même coup ne pense à tant de choses, déclarées inébranlables dans les écoles et autres lieux, et qui sont si gênantes. Qu'adviendrait-il si tous ceux-là, dont la chair est faible et qui sont portés à tous les débordements, ne croyaient plus qu'à leur propre raison, que cet insensé déclare être la seule instance! Se mettant à douter que le soleil se soit arrêté sur Gabaon, ils pourraient appliquer leur sale doute aux collectes! Depuis qu'ils traversent la mer

– je n'ai rien contre – ils placent leur confiance en une boule de cuivre qu'ils appellent la boussole, non plus en Dieu.

Ce Galilée, dès sa jeunesse, a écrit sur les machines. Eux, avec les machines, veulent faire des miracles. De quelle sorte? Dieu, de toute façon, ils n'en ont plus besoin, mais quels seront ces miracles? Par exemple, il n'y aura plus de haut ni de bas. Ils n'en ont plus besoin. Aristote, qui par ailleurs est pour eux un chien crevé, a dit, et cela ils le citent : «Si la navette tissait toute seule et si la cithare jouait toute seule, alors, certes, les maîtres n'auraient pas besoin de compagnons, ni les seigneurs de valets.» Et maintenant ils en sont là, pensent-ils. Cet individu pervers sait ce qu'il fait, lorsqu'il rédige ses ouvrages d'astronomie dans l'idiome des poissonnières et des lainiers plutôt qu'en latin.

LE PAPE : Cela témoigne d'un fort mauvais goût ; je le lui dirai.

L'INQUISITEUR : Il excite les uns et séduit les autres. Les ports du Nord de l'Italie réclament pour leurs bateaux avec toujours plus d'insistance les cartes célestes de monsieur Galilée. Il va falloir leur céder, il s'agit d'intérêts matériels.

LE PAPE : Mais ces cartes célestes sont fondées sur ses affirmations hérétiques. Il y est précisément question des mouvements de ces astres qui ne peuvent avoir lieu si l'on refuse sa théorie. On ne peut pas condamner la théorie et accepter les cartes.

L'INQUISITEUR : Pourquoi pas ? On ne peut rien faire d'autre.

LE PAPE : Ce piétinement me tend nerveux. Excusez-moi si je ne puis m'empêcher d'écouter

L'INQUISITEUR : Il vous en dira peut-être plus long que je ne le pourrais, Votre Sainteté. Tous ces gens devront-ils repartir le doute au cœur?

LE PAPE : Finalement, cet homme est le plus grand physicien de ce temps, la lumière de l'Italie, et non quelque cerveau fumeux. Il a des amis. Il y a Versailles. Il y a la cour de Vienne. Ils appelleraient la Sainte-Eglise une sentine de préjugés en putréfaction. Qu'on ne le touche pas !

L'INQUISITEUR : Avec lui, pratiquement, on n'aura pas à aller bien loin. C'est un homme de la chair. Il céderait tout de suite.

LE PAPE : Il connaît plus de jouissances que tous les hommes que j'ai rencontrés. Sa pensée procède de la sensualité. A un vin vieux où à une idée nouvelle, il ne pourrait pas dire non. Je ne veux pas d'une condamnation de faits scientifiques, de cris de guerre tels que : «A moi l'Eglise!», «A moi la Raison!» J'ai autorisé son livre à la condition qu'à la fin soit reproduire cette opinion que le dernier mot n'appartient pas à la science, mais la foi. Il s'y est conformé.

L'INQUISITEUR : Mais comment? Dans son livre, se disputent un imbécile, qui naturellement soutient les vues d'Aristote, et un homme intelligent, qui non moins naturellement soutient celles de monsieur Galilée et la conclusion, Votre Sainteté, qui la prononce ?

Le PAPE : Qu'est-ce qu'il y a encore? Qui donc exprime la nôtre?

L'INQUISITEUR : Pas l'homme intelligent.

LE PAPE : Assurément, c'est une impertinence. Ce bruit de pas dans les couloirs est insupportable. Est-ce donc le monde entier qui arrive?

L'INQUISITEUR : Pas le monde entier, mais Ce qu'il a de meilleur.

Un silence. Le pape est maintenant revêtu du costume sacerdotal.

LE PAPE : A l'extrême limite, qu'on lui montre les instruments.

L'INQUISITEUR : Cela suffira, Votre Sainteté. En instruments, monsieur Galilée s'y connaît.

Bertolt Brecht, *La Vie de Galilée*

La mise à l'Index

Avec la Réforme, l'Eglise mesure l'importance des livres dans la propagation des idées et édicte une série de mesures visant à en contrôler l'impression, puis la diffusion. En 1557, Paul IV promulgue le premier Index, liste de livres dont la lecture est interdite. Régulièrement mis à jour, l'Index ne sera supprimé qu'en 1966 par le concile de Vatican II.

Le premier ouvrage condamné comme dangereux par l'Eglise est celui d'Arius lors du concile de Nicée (325). Au cours des siècles suivants, des listes de livres condamnés sont diffusés par les décrets Gélasiens (VIIe siècle), de Gratien (vers 1140) et les Décrétales du pape Grégoire IX (1234). A plusieurs reprises, des ouvrages ou des écrits polémiques seront ponctuellement proscrits par Rome – le Talmud est condamné en 1248 – mais aucune liste officielle ne sera produite par la papauté.

Ce n'est qu'avec l'imprimerie et la diffusion du livre, qu'un examen plus rigoureux de la part des autorités catholiques se met en place afin de contrer les ouvrages des réformateurs protestants. Dès 1551, l'Espagne anticipe une censure organisée du livre, avec la publication d'un premier Index – liste de livres «mis à l'index» –, puis l'application de poursuites contre les étrangers pour l'introduction de livres étrangers dans le Royaume (1558). Avant la création d'une institution particulière, les listes officielles de livres dont la publication, la lecture et la vente sont interdites aux catholiques composent l'Index de Paul IV (1557) et l'Index tridentin (1564). Il faut attendre Pie V (1566-1572), ancien inquisiteur, pour voir la création officielle de la Congrégation de l'Index en 1571. Institution romaine chargée de l'examen des livres et de la condamnation des livres antireligieux, immoraux ou induisant en erreur, la Congrégation sera réorganisée à plusieurs reprises (Sixte Quint en 1588, Benoît XIV en 1753, Léon XIII en 1897) et publiera régulièrement des Index condamnant les productions littéraires dangereuses pour l'orthodoxie romaine comme *Les Pensées* de Pascal (1670), mais aussi des auteurs comme Condorcet (1827) ou Diderot (1894). En raison de la

Autodafé de livres interdits par la Congrégation de l'Index organisé par l'Inquisition romaine (gravure du XIXe siècle).

production littéraire pléthorique dans tous les pays catholiques d'Europe dès le XVIe siècle, le contrôle de tous les ouvrages imprimés ne fût pas réalisé par la Congrégation. Seuls les livres en latin, italiens et français furent le plus souvent étudiés par les religieux qui purent les accepter ou les condamner. La production littéraire «hérétique» avait encore de beaux jours devant elle…

Définitivement dissoute en tant que Congrégation en 1917 par Benoît XV (1914-1922), car incapable de traiter la totalité de la production imprimée européenne, la Congrégation de l'Index sera rattachée à la Congrégation du Saint-Office, ancienne Inquisition romaine. L'Index lui-même restera un important catalogue des livres prohibés et des livres à expurger (Index purgatoire) publié par le Vatican. Il connaîtra de nombreuses éditions – la dernière en 1960 – avant d'être supprimé en 1965 par le pape Paul VI (1963-1978).

Sartre (1948), Gide (1952) ou encore Simone de Beauvoir (1956) furent les derniers grands écrivains condamnés par l'Index romain.

Conservé dans sa totalité au Vatican, le fonds de l'Index a été officiellement ouvert aux chercheurs en janvier 1998, tout comme les fonds des archives de l'Inquisition, témoignage d'une politique de transparence du pape Jean-Paul II concernant ces sujets polémiques.

Laurent Albaret

GLOSSAIRE

Adoration : Acte de salutation du croyant au parfait dès qu'il se trouve en sa présence (appelé aussi *melhoramentum*, qui «adore» en lui le bien ou la présence du Saint-Esprit).

Apostat : Terme désignant à l'origine un individu ayant abandonné publiquement la foi chrétienne après avoir reçu le baptême.

Bras séculier : Expression qui désigne la justice laïque, civile. Le bras séculier était chargé de l'application des peines de bûcher décidées par le tribunal de l'Inquisition.

Bogomiles : Secte chrétienne de Bulgarie influencée par les théories manichéennes, attestée au Xe siècle. Les Bogomiles seront poursuivis pour leur dualisme par Byzance.

Bref apostolique : Document écrit émanant de la papauté réservé à la correspondance politique et administrative. Plus simple que la bulle dans sa rédaction, le bref est scellé à la cire rouge du sceau secret du pape.

Bulle pontificale : Par extension, acte pontifical écrit scellé d'un sceau rond en plomb représentant à l'avers les têtes de saint Pierre et saint Paul et au revers le nom du pape régnant. Les bulles pontificales sont identifiées par leurs premiers mots.

Canon : Règle de foi et de discipline religieuse. En droit religieux, le canon conciliaire désigne un chapitre, décision législative prise par un concile.

Cathares ou Albigeois : Termes utilisés au XIIIe siècle par le clergé catholique pour désigner les hérétiques du Languedoc. Ces termes se retrouvent dans les documents inquisitoriaux qui qualifient aussi les cathares de «manichéens».

Décrétale : Réponse écrite du pape donnée à la suite d'une consultation sur un point de droit. Dès le IVe siècle, la décrétale pontificale fait force de jurisprudence dans l'Eglise. En raison de leur nombre, des *Collections de décrétales* seront constituées à partir du XIIe siècle.

Déviant : Toute personne qui s'écarte de la stricte orthodoxie, définie par les dogmes de l'Eglise romaine.

Familier : Auxiliaire laïc de l'inquisiteur en Espagne. Chargé des arrestations, informateur, l'auxiliaire possède des privilèges judiciaires et peut porter les armes.

Fiscal : Fonctionnaire de l'Inquisition au Mexique. Le Fiscal peut instruire un procès et prononcer des condamnations.

Ordinaire : En droit, l'ordinaire désigne le juge titulaire d'une juridiction normale qui, au Moyen Age, reste souvent l'évêque ou un représentant désigné par celui-ci.

Parfaits : Terme employé par les clercs et les notaires de l'Inquisition pour désigner les dignitaires de l'Eglise cathare. Ces derniers, quant à eux, se donnaient le nom de Bon homme, Bonne femme ou Bon(ne) chrétien(ne).

Relaps : Pour l'Inquisition, les relaps sont des individus retournés à l'hérésie après une première abjuration publique. Même en cas de nouveau repenti, le relaps est remis au bras séculier et condamné au bûcher.

Serment : Engagement sacré qui intervient dans la procédure inquisitoriale lorsque les inquisiteurs reçoivent les dénonciations et lors du procès où tous les participants sont obligés de prêter un serment de vérité.

BIBLIOGRAPHIE

Ouvrages généraux
- Dedieu, Jean-Pierre, *L'Inquisition*, Le Cerf, Paris, 1987.
- Hroch, Miroslav; Skybova, Anna, *Ecclesia Militans. L'Inquisition à l'époque de la Contre-Réforme*, L.G., Leipzig, 1988.
- Maisonneuve, Henri, *L'Inquisition*, Desclée-Novalis, Paris, 1989.
- Max, Frédéric, *Prisonniers de l'Inquisition*, Le Seuil, Paris, 1989.
- Moore, Robert, *La Persécution : sa formation en Europe*, Les Belles Lettres, Paris, 1991.
- Pinglé, Jacques, *L'Inquisition ou la dictature de la foi*, Perrin, Paris, 1983.
- Vauchez, André, ss dir., *Dictionnaire du christianisme*, t. 5 et 6, Desclée-Fayard, Paris, 1993.
- Zerner, Monique, ss dir., «Inventer l'hérésie? Discours polémiques et pouvoirs avant l'Inquisition», colloque du Centre d'Etudes médiévales de Nice, vol. 2, Nice, 1998

L'Inquisition en Languedoc
- Dossat, Yves, *Les Crises de l'Inquisition toulousaine au XIIIe siècle (1233-1273)*, Bordeaux, 1959.
- Douais, Célestin, *Documents pour servir à*

l'histoire de l'Inquisition dans le Languedoc, Paris, 1900, réed. Stlakine, Genève, 1977.
- «Europe et Occitanie : les pays cathares» (1er-5 septembre 1992), actes de la 5e Session d'Histoire médiévale du CNEC-René Nelli, Carcassonne, 1995.
- Griffe, Elie, Le Languedoc cathare et l'Inquisition (1229-1329), Letouzey et Ané, Paris, 1980.
- Lea, Henry-Charles, A History of the Inquisition in the Middle Ages, New-York, 1897, traduction, J. Millon Ed., Paris, 1986.
- «Le Credo, la morale et l'Inquisition», Cahiers de Fanjeaux n° 6, Privat, Toulouse, 1971.
- «Mouvements dissidents et novateurs» (28 août-1er septembre 1989), ss dir. Vauchez, André, actes de la 2e session d'Histoire médiévale du CNEC-René Nelli, Carcassonne, 1990.
- «La persécution du catharisme XIIe-XIVe siècles (1er- 4 septembre 1993), ss dir. Moore, Robert, actes de la 6e Session d'Histoire médiévale du CEC-René Nelli, Carcassonne, 1996.
- Vidal, Jean-Marie, Bullaire de l'Inquisition française au XIVe siècle et jusqu'à la fin du grand schisme, Letouzey et Ané, Paris, 1913.
- Wakefield, Walter, Heresy, Crusade and Inquisition in Southern France, 1100-1250, Londres, 1974.

L'Inquisition hispanique

- Bennassar, Bartholomé, ss dir., L'Inquisition espagnole, Hachette, Paris, 1979.
- Bethencourt, Francisco, L'Inquisition à l'époque moderne - Espagne, Portugal, Italie, XVe-XIXe siècle, Fayard, Paris, 1995.
- Cardaillac, Louis, Morisques et chrétiens, un affrontement politique, 1492-1640, Klincksieck, 1977.
- Cardaillac, Louis, ss dir., Les Morisques et l'Inquisition, «Ibériques», Publisud, Paris, 1990.
- Contreras, Jaime, Pouvoir et Inquisition en Espagne au XVIe siècle, Aubier, Paris, 1997.
- Dedieu, Jean-Pierre, L'Administration de la foi. L'Inquisition de Tolède, XVIe-XVIIe siècle, Bibliothèque de la Casa de Velazquez, Madrid, 1989.
- Dellon, Charles, Inquisition de Goa, Ed. Amiel, Charles, Michel Chandeigne, Paris, 1997.
- Escamilla-Colin, Michèle, Crimes et châtiments dans l'Espagne inquisitoriale, Berg International, Paris, 1992.
- Gonzalez-Raymond, Anita, La Croix et le Croissant. Les Inquisiteurs des îles face à l'Islam 1550-1700, CNRS, Paris, 1992.
- Lea, Henri Charles, A History of the Inquisition of Spain, American Franklin, New York, 1906-1907, réed. 1966.

- Leroy, Béatrice, L'Expulsion des juifs d'Espagne, Berg International, Paris, 1990.
- Maqueda Abreu, Consuelo, El auto da fé, Istmo, Madrid, 1992.

L'Inquisition en Amérique du Sud

- Alberro, Solange, Inquisition et société au Mexique (1571-1700), Centre d'Etudes Mexicaines, Mexico, 1988.
- Perez Villanueva, Joaquim ; Escandell Bonet, Bartholomé, Historia de la inquisición en España y América, Biblioteca de autores cristianos, Madrid, 1993.

Les inquisiteurs : histoire, écrits et témoignages

- «Bernard Gui et son monde», Cahiers de Fanjeaux n° 16, Privat, Toulouse, 1981.
- Douais, Célestin, Practica Inquisitionis heretice pravitatis, auctore Bernardo Guidonis OFP, Paris, 1886.
- Duvernoy, Jean, Le Registre d'Inquisition de Jacques Fournier, Paris-La Haye, 1977-1978.
- Duvernoy, Jean, Le Registre de Bernard de Caux, Pamiers (1246-1247), Foix, 1990.
- Duvernoy, Jean, La Chronique de Guillaume Pelhisson, Ousset, Toulouse, 1958, réed. CNRS, Paris, 1994.
- Duvernoy, Jean, Le Dossier de Montségur. Interrogatoires d'inquisition 1242-1247, Le Pérégrinateur, Toulouse, 1998 (éd. française), CVPM, Carcassonne, 1998 (éd. latine).
- Eymerich, Nicolas ; Peña, Francisco, Le Manuel des inquisiteurs, Ed. Sala-Molins, Louis, Mouton, Paris, 1973.
- Gui, Bernard, Le Manuel de l'inquisiteur, Ed. Mollat, Guy, Champion, Paris, 1926-1927 (nombreuses rééditions).
- Palés-Gobilliard, Annette, L'Inquisiteur Geoffroy d'Ablis et les Cathares du Comté de Foix, CNRS, Paris, 1984.
- Guicciardi, Jean-Pierre, Abrégé du manuel des Inquisiteurs, Millon, Paris, 1990.
- Sala-Molins, Louis, Le Dictionnaire des inquisiteurs, Valence 1494, Galilée, Paris, 1981.
- Sprenger, Jacques ; Institoris, Henri, Le Marteau des sorcières, Ed. Danet, A., Millon, Paris, 1990.

Romans

- Del Castillo, Michel, La Tunique d'infamie, Fayard, Paris, 1998.
- Jiménez Lozano, José, El Sambenito, Destino, Barcelone, 1972.
- Umberto, Eco, Le Nom de la rose, Grasset, Paris, 1990.

TABLE DES ILLUSTRATIONS

COUVERTURE
1er plat

2e plat

Dos

OUVERTURE
1, 2-3 *Scène d'inquisition* (détails), peinture de Francisco de Goya y Lucientes, 1812-1815. Académie de San Fernando, Madrid.
4-5 *Condamné par l'Inquisition*, peinture de Engenio Lucas y Velasquez. Madrid.
6-7 *Scène d'inquisition*, peinture de Juan de Juanes, XVIe s. Musée Lazaro Galdiano.
9 Interrogatoire, gravure, XVIIIe s.

CHAPITRE I
10 *Ange peseur d'âme*, dit aussi *Saint-Michel*, peinture de Guariento. Museo Civico, Padoue.
11 *La Bataille du pont Milvius* (détail), école de Raphaël. Palais du Vatican, Rome.
12h et b Les premiers martyrs chrétiens, fresque, XVIe s. Monastère d'Humor, Roumanie.
12-13 Le songe de Constantin, fresque de Piero della Francesca, 1457-1458. Chœur de San Francesco, Arezzo.
13 *Saint Sébastien et saint Policarpe détruisent les idoles*, peinture de Pedro Garcia de Benabarre. Musée du Prado, Madrid.
14h-15h Constantin au concile de Nicée, en 325, ordonne de brûler les livres hérétiques des aryens, enluminure tirée du *Canon des Conciles*, IXe s. Bibl. Capitulaire, Vercelli.
14b Solidus de Theodose II, Ve s. Coll. J. Vinchon, Paris.
15b Foi et Arius, enluminure tirée du *Panégyrique du Bruzio Visconti* de Bartolomeo da Bologna di Bartoli, XIVe s. Musée Condé, Chantilly.
16h Baptême de Clovis, enluminure tirée des *Chroniques de France*, XIVe s.
16b Mendiants (détail), peinture de Pedro Garcia de Benabarre. XVe s. Musée du Prado, Madrid.
17h Saint Martin à cheval, pala de San Martino de Bernardino Butinone et Bernardo Zenale, 1485. Collegiale San Martino, Treviglio.
17b Mendiants et pauvres pèlerins (détail), retable de Sebastiano di Cola, XVe s. Musée national des Abruzzes, L'Aquila.
18h Les hérétiques d'Orléans envoyés au bûcher en 1022, gravure, XIXe s., de Burgun d'après E. Bayard.
18bg Martyre de Arialdo, bas-relief de Alfonso Muzzuchelli. Eglise de San Calimero, Milan.
18-19b Prédicateur, enluminure tirée de *Ovide moralisé* par Chrétien Legouais, XIVe s. Bibl. municipale, Rouen.
19h Le pape Grégoire VII, gravure.
20 Forteresse attaquée par les hérétiques, enluminure tirée de *La Forteresse de la Foi*, trad. de P. Richart dit Loiselet, XVe s. Bibliothèque nationale de France (BnF), Paris.
21 Bûcher des disciples d'Amaury de Bène, 1210, enluminure tirée des *Chroniques de France*, XIVe s. BnF, Paris.
22 Concile, enluminure de J. Fouquet, tirée des *Heures d'Etienne Chevalier*. Musée Condé, Chantilly.
23 *Rencontre de Frédérique Ier Barberousse et du pape Alexandre III, à Venise le Ier août 1177*, peinture de Federico Zuccari. Palais des Doges, Venise.

CHAPITRE II
24 Le pape institue l'Inquisition, enluminure tirée des Décrets de Grégoire IX, XVe s. Bibl. Marciana, Venise.
25 Hérétique livré aux flammes, vers 1254, croquis à la plume en marge d'un procès verbal d'interrogatoire, registre de Alfaro de France. Archives nationales, Paris.
26b Saint Bernard portant la chapelle expiatoire du pont de l'Aube, sculpture école Bourguignonne, XIVe s. Bibl. municipale, Bar-sur-Aube.
26hd Bible vaudoise, XIVe s. Bibl. municipale, Carpentras.
26-27 Croix dite cathare.
27h Saint Bernard de Clairvaux, enluminure tirée du *Miroir Historial* de Vincent de Beauvais, XVe s. Musée Condé, Chantilly.
27b Fragment d'un rituel cathare, XIIe s. Bibl. municipale, Lyon.
28g Sceau de Raimond VI, comte de Toulouse, 1204. Archives nationales, Paris.
28-29 Le pape Innocent III, fresque de *Magister Conxolus*, XIIIe s. Monastère de saint Benoit dit Sacro Speco, Subiaco.
29h Les albigeois sortant de Carcassonne, enluminure tirée des *Grandes Chroniques de France*, XVe s. British Library, Londres.
29b Pénitence du comte de Toulouse, gravure d'après J. M. Moreau, 1782. BnF, Paris.
31 Registre de l'Inquisition toulousaine, XIIIe s. Archives municipales, Toulouse.
31d Scène de la

TABLE DES ILLUSTRATIONS 123

croisade contre les albigeois, enluminure tirée des *Grandes Chroniques de Saint-Denis*, vers 1400. Bibl. municipale, Toulouse.
32h Bulle du pape Innocent IV demandant aux dominicains de Narbonne de poursuivre les hérétiques, 11 mai 1252. Archives nationales, musée d'Histoire de France, Paris.
32-33 La dispute de saint Dominique et le miracle du livre, prédelle du retable du *Couronnement de la Vierge*, de Fra Angelico. Musée du Louvre, Paris.
33h Le château de Montségur.
34 Interrogatoires des frères Jourdain et Aribert, seigneurs du mas Saintes-Puelles, menés par l'inquisiteur Bernard Gui, 1245. Bibl. municipale, Toulouse.
35 *La Délivrance des emmurés de Carcassonne*, peinture de Jean-Paul Laurens, 1879. Hôtel de Ville, Carcassonne.
36h *Saint Raymond de Peñafort apaise les eaux avec son manteau près de l'île de Majorque*, peinture de Louis Carrache. Eglise San Domenico, Bologne.
36b Torture des Vaudois en 1215 (détail), gravure, XVIIe s. Bibl. des Arts décoratifs, Paris.
37 Le roi Alphonse le Sage, enluminure tirée des *Cantiques de sainte Marie*, XIIIe s. Bibl. royale du monastère, l'Escorial.
38 *Saint François d'Assise* (détail), peinture anonyme, 1282. Musée Diocésain, Orte.
39 *La Vierge et les Saintes* (détail), peinture de Gérard David. Musée des Beaux-Arts, Rouen.
40 Dante et le pape Nicolas III, enluminure tirée de *L'Enfer* de Dante, manuscrit du XIVe s. Bibl. Marciana, Venise.
41h Pierre Dejean Olieu, fresque de Bennozzo Gozzoli. Couvent franciscain de Montefalco.
40-41 Angelo Clareno et saint François d'Assises, fresque.

CHAPITRE III

42 *Les Hommes du Saint-Office* (détail), peinture de Jean-Paul Laurens, 1889. Musée d'art et d'archéologie, Moulin.
43 *Inquesta de Albigensibus*, registre d'enquêtes exécutées par les clercs du roi Louis IX, de 1259 à 1262, 1879. BnF Paris.
44hd Moine, miniature, XVe s.
45 Scène de prédication à Aquila (détail), retable de Jean de Capistran par Sebastiano di Cola, XVe s. Musée des Abruzzes, Aquila.
46 Enseigne de pèlerinage, Notre-Dame de Rocamadour. XIIIe s. Musée du Moyen Age, Paris.
46-47 *L'Agitateur du Languedoc*, peinture de Jean-Paul Laurens, 1887. Musée des Augustins, Toulouse.
47b Saint Jacques en pèlerin, école française, XVe s, sculpture. Musée du Louvre, Paris.
48g Vue de la tour de l'Inquisition à Carcassonne.
48d Crosse provenant de Carcassonne, art Limousin, XIIIe s. Musée du Moyen Age, Paris.
49 *Inquesta de Albigensibus*, registre d'enquêtes exécutées par les clercs du roi Louis IX, de 1259 à 1262. BnF, Paris.
50 Prisonnier soumis à la torture, enluminure tirée de *De universo* de Raban maur. Archives de l'abbaye, Montecassino.
51h Scène de torture, enluminure tirée des *Chroniques d'Espagne*, XIVe s. Académie des Sciences, Lisbonne.
51b Innocent IV réunit le concile de Lyon en 1245, enluminure tirée de *Miroir historial* de Vincent de Beauvais, XVe s. Musée Condé, Chantilly.
52 *Scène de l'Inquisition* (détail), peinture de François Granet. Musée des Beaux-Arts, Dunkerque.
53h Jean Fournier, fresque XIV-XVe s. Eglise de Belpech.
53b Scène de torture, gravure XIXe s.
54-55 *Les Hommes du Saint-Office*, peinture de Jean-Paul Laurens. 1889. Musée d'Art et d'Archéologie, Moulin.
56h *La Prédication de saint Dominique*, peinture de Lorenzo Lotto, 1508.
Kunsthistorische Museum, Vienne.
56b *Sententia inquisitorium tolosarum*, recueil de sentences de Bernard de Caux et de Jean de Saint-Pierre, 1244 et 1248. BnF, Paris.
57 *Une amende honorable*, peinture de A. Legros. Musée d'Orsay, Paris.

CHAPITRE IV

58 Bûcher de juifs au Moyen Age, bois gravé, tiré de la *Chronique universelle* dite de Nuremberg de Hatmann Schebel. 1493. Bibl. Sainte-Geneviève, Paris.
59 Sorcières partant au sabbat, enluminure tirée du *Champion des Dames* de Martin le Franc, 1451. BnF, Paris.
60-61 Sorcières faisant descendre la pluie, gravure de *De lamiis et phitoncis mulieribus* d'Ulrich Molitor, 1489. BnF, Paris.
61h Bulle *Summis desiderantes affectibus*, 1484. BnF, Paris.
61b Bûcher de sorcières, gravure, 1555.
62h Le juif et sa femme meurent sur le bûcher, détail de la *Profanation de l'hostie* de Paolo Ucello, XVIe s. Palais ducal, Urbino.
62b Hérétiques et juifs ne voulant pas écouter la parole de Dieu, enluminure tirée du *De Universo* de Raban Maur. Archives de l'abbaye, Montecassino.
63g Rituel, XIVe s. Musée du judaïsme, Paris.
64 *Gilles de Laval, sire de Rais*, peinture de

E. F. Feron. Musée du château, Versailles.
64-65h Manuscrit de condamnation de Jeanne d'Arc, exemplaire de Cauchon. Bibl. de l'Assemblée nationale, Paris.
64-65b Jacques de Moley livré aux flammes, le 19 mars 1314, manuscrit du XVe s. British Library, Londres.
65 *Jeanne d'Arc malade est interrogée par le cardinal de Winchester dans sa cellule*, peinture de Paul Delaroche. Musée des Beaux-Arts, Rouen.

CHAPITRE V

66 *Scène de l'Inquisition*, peinture d'Eugenio Lucas y Velasquez (détail), 1851. Musée du Louvre, Paris.
67 Bannière de l'Inquisition espagnole, gravure de Bernard Picart. BnF, Paris.
68h Supplice d'un jeune chrétien par les juifs, gravure tirée des *Chroniques* de M. Scheder, Nuremberg, 1493. Bibl. Sainte-Geneviève, Paris.
68b Juifs, peinture de Correa de Vivar, XVIe s. Coll. Varez-Fisa, Madrid.
69h La Reconquête des rois catholiques. Carte réalisée par Edigraphie.
69b Les rois catholiques, médaillon de la façade de l'université de Salamanque.
70 *Le Pape et l'inquisiteur*, dit aussi, *Sixte IV et Torquemada*, peinture de Jean-Paul Laurens, 1882. Musée des Beaux-Arts, Bordeaux.

71 Acte de Sixte IV sur les compétences juridiques de l'Inquisition espagnole. Archivo general, Simancas.
72h Torture contre les juifs, bois gravé, anonyme, 1475.
72b Implantation des tribunaux de l'Inquisition en Espagne et au Portugal, aux XVe et XVIe s. Carte Edigraphie.
73h Mort de saint Pierre martyr, peinture de Alonso Berruguete. Musée du Prado, Madrid.
73b Torture contre les juifs, victimes sur les roues, bois gravé, anonyme. 1475.
74g Baptême forcé des Maures en 1502 après la prise de Grenade, retable orné de sculptures par Philippe de Bourgogne. Chapelle royale de la cathédrale, Grenade.
74d Homme condamné au bûcher par l'Inquisition de Goa, gravure de Grasset Saint Sauveur, 1795. Société de géographie, Paris.
75h Portrait du cardinal Cisneros, XVe s, fresque de la salle capitulaire de la cathédrale, Tolède.
75b Autodafé à Lisbonne, gravure anonyme, XVIIIe s. Bibl. des arts décoratifs, Paris.
76h Interrogatoire, gravure de Sallieth Mathias, XVIIIe s. BnF, Paris.
76m Condamné au feu qui a évité le bûcher par sa confession, gravure, XVIIIe s.

76b Femme qui s'est accusée elle-même avant d'être jugée, gravure, XVIIIe s.
77h Condamné au bûcher, gravure, XVIIIe s.
77b Diverses manières dont le Saint-Office fait donner la question, gravure de Bernard Picart, 1753. BnF, Paris.
78 *Por haber nacido en otra parte*, lavis de Francisco de Goya y Lucientes. Musées royaux des Beaux-Arts, Bruxelles.
79 Scène d'Inquisition, peinture de Eugenio Lucas y Velasquez. Musées royaux des Beaux-Arts, Bruxelles.
80-81 *Autodafé place Mayor à Madrid, le 3 juin 1680*, peinture de Francisco Rizi. Musée du Prado, Madrid.
82h *Autodafé célébré dans l'église San Bartolome à Solotepec, le 23 février 1716*, peinture anonyme. Musée national d'art, Mexico.
82-83b Frère Bartolome de Olmedo baptise les indiens, peinture de Miguel II Gonzalez. Musée des Amériques, Madrid.
83h Sacrifice humain, aquarelle tirée du *Théâtre de la nouvelle Espagne*, 1640. Bibl. nationale, Mexico.
84 Missionnaire et conquistador (détail), papier peint sur la vie quotidienne des Incas. Musée du Nouveau Monde, La Rochelle.
84-85b Alphonse de Albuquerque, conquistador portugais, miniature

XVIe s. BnF, Paris.
85h Equipage du visiteur, gravure tirée de *Nueva Crónica del buen govierno* de Guaman, XVIe s. Bibl. nationale, Madrid.

CHAPITRE VI

86 *Portrait du duc de Benavente, grand inquisiteur*, peinture du Greco. Musée Bonnat, Bayonne.
87 Le Concile de Trente, fresque des frères Zuccari, XVIe s. Palais Farnèse, Caprarola.
88 *Erasme écrivant*, peinture de Holbein le jeune. Musée du Louvre, Paris.
89m Allégorie anti-catholique, peinture anonyme anglaise, XVe s. Coll. part.
89hd Portrait charge de Johannes Tetzel, dominicain chargé de prêcher les indulgences, gravure allemande, XVIe s. BnF, Paris.
89b *Luther à Worms*, peinture de Anton von Werner, XIXe s. Staatgalerie, Stuttgart.
90b *Galilée devant le Saint-Office au Vatican*, peinture de Joseph Robert Fleury. Musée du Louvre, Paris.
90h Portrait du pape Paul III, peinture du Titien. Musée capodimonte, Naples.
91h *Saint Ignace de Loyola*, peinture de Juan de Valdès Leal, 1676. Musée des Beaux-Arts, Séville.
92 Bûcher à Bruges, lors du gouvernement du duc d'Albe, gravure de Hogenbergh, XVIe s.

93 Destruction de l'Inquisition à Barcelone, 10 mars 1820, gravure, XIXe s. BnF, Paris.
94h *Tribunal de l'Inquisition présidé par saint Dominique* (détail), peinture de Pedro Berruguete, fin XVe s. Musée du Prado, Madrid.
94d Le grand inquisiteur Tomas de Torquemada et l'expulsion des juifs d'Espagne en 1492, gravure, 1880.
95 Séance d'ouverture du Concile Vatican II à Rome en 1962.
96 Scène d'Inquisition (détail), fresque de Diego Rivera, 1933. Palais national, Mexico.

TÉMOIGNAGES ET DOCUMENTS

97 Cérémonies et coutumes religieuses en usage chez les catholiques, gravure de Bernard Picart, 1723.
98 Emblème de l'Inquisition.
104 Les derniers défenseurs de Montségur brûlés sur le bûcher en 1244, gravure XIXe s.
107 Bannière de l'Inquisition de Goa.
108 Habits des condamnées par l'Inquisition, gravure, XVIIIe s. BnF, Paris.
110 *No hubo remedio*, gravure de Francisco de Goya y Lucientes. BnF, Paris.
116 *Galilée à l'université de Padoue explique ses nouvelles recherches*, peinture de Félix Para, 1873. Musée national d'art. Mexico.
118 Index des livres interdits par l'Inquisition espagnole.
119 Autodafé de livres par la Commission de l'Index, gravure tirée du *Secret de Rome au XIXe siècle*, d'Eugène Briffaut, 1846. Coll. part.

INDEX

A

Abbeville, Nicolas d' 35.
Abélard 27.
Ablis, Geoffroy d' 35, 56.
Adémar de Chabannes 19.
Agen 56.
Albéron 21.
Albi 26, 33, *34*, 49, 52, 53.
Alexandre III 22, *23*, 28.
Alexandre IV 34, *51*, 60.
Alphonse X le Sage 37, *37*.
Ambroise, saint *15*.
Ancône 19.
Arbues de Epila, Pedro 71, 72, 73.
Arialdo *18*.
Aribert de Milan 19.
Arius d'Alexandrie 14, *15*.
Arles, concile d' 13.
Arnaud de Brescia 21, 27.
Arnaud, Guillaume 32, 34.
Assalit, Arnaud *44*.
Augsbourg 89.
Augustin, saint 39.
Avignon 41, 88.
Avignonnet 34, 49.
Avila 72.

B

Bâle 39.
Bâle, concile de 61.
Barcelone 37, 73.
Bartoccio, Bartolomé 91.
Beaune, Jean de 56.
Beauvais 20.
Bélibaste, Guihem 36.
Benoît XII (Jacques Fournier) 36, *53*.
Benoît XV 9.
Bernard de Clairvaux, saint 21, 26, *27*.
Béziers 40.
Béziers, concile de *30*, 39, 49.
Bordeaux 89.
Boyer, Pierre *44*.
Bruis, Pierre de 21.
Brun, Pierre 36.
Bucer, Martin 88.

C

Cahors 56.
Calvin, Jean 88.
Campo, Gonzalo de *85*.
Canterbury, pèlerinage de *47*.
Capistran, Jean de *45*.
Carcassonne *29*, 34, 35, 44, *48*, *49*, 50, 52, 53, 56, 60, 90.
Carranza, Bartolomé de 92.
Carthage, concile de 13.
Carthagène *75*.
Casale, Ubertin de 40.
Castres 52.
Catherine de Médicis 90.
Cauchon, Pierre 65.
Caunes 49.
Caux, Bernard de 53, *56*.
Cervantès 94.
Charles III 93.
Charles IV 37, 93.
Charles Quint 89.
Charles VII 65.
Cîteaux 19, 26.
Ciudad Real 70.
Clairvaux 22, 27.
Clareno, Ange 40, *41*.
Clément IV 37, 56, 63.
Clément V 60, *64*, 65.
Clovis *16*, 17.
Colbert 47, 50.
Cologne 21, 39.
Cologne, pèlerinage de *47*.
Conrad de Marbourg 30, *30*.
Constance, concile de 88.
Constantin Ier 11, *11*, 12, *13*, 14, 15.
Constantinople *26*.
Constantinople, concile de *14*, *15*.
Cordes *34*.
Cordoue 70, 71, 72, 92.
Cortés, Hernan 82.
Cracovie 37.
Crémone 19.
Cuenca 92.
Cuzco 84.

D - E

Délicieux, Bernard 35, *35*, 41, *46*, *51*.
Deza, Diego de 71.
Diderot 94.
Dioclétien 12.
Doat, Jean de *49*.
Dolcino de Novare 40.
Dominique de Guzmán (saint Dominique) 32, *33*, *56*, 94.
Donat 13.
Duprat, Jean 36, 53.
Erasme 88.
Etienne de Bourbon 34.
Eugène III 21.
Eusèbe de Césarée 12.
Eusèbe de Nicomédie 14.
Eymerich, Nicolas 38, *45*, 46, 51, 57, 71.

F

Ferdinand II d'Aragon 68, *69*, 70, *71*.
Ferdinand III de Castille *50*.
Ferrer 52.

Flore, Joachim de *38*, 40.
Florence 19, 38.
Foulque, Gui 53.
Fournier, Jacques (Benoît XII) 36, 41, 53, *53*.
Francisco de Toledo 84.
Franco, Niccolo 91.
François, saint *38*, 40, *41*.
François Ier 89.
Frédéric Ier Barberousse 23, *23*.
Frédéric II *21*, 33, *50*.

G - H

Galand, Jean 34.
Galilée 91, 94.
Gênes 38.
Genève 88.
Geoffroi 38.
Gérard de Cambrai 19.
Goa *75*.
Goslar 19.
Grégoire de Tours *16*.
Grégoire III 91.
Grégoire VII 19, *19*, 20.
Grégoire IX *25*, 30, *30*, 32, 33, *37*, 38.
Grenade 74, *74*, *75*, 92.
Gui, Bernard 52, *53*, 55, 57, 60, *63*, 71.
Henri II d'Angleterre 22.
Henri II de France 89.
Henri III 19.
Henri IV *19*.
Honorius III 38.
Huss, Jean 88.

I - J

Innocent III 28, *28*, 29, *38*.
Innocent IV *32*, 38, 49, 51, *51*, 63.
Innocent VIII 67, 72.
Institoris, Henri 61.
Isabelle Ire de Castille 68, *69*, 70, *70*.
Isidore de Séville 16.
Isle-sur-Sorgue, L' 49.
Jacques Ier d'Aragon 37.
Jaén 70, 71.
Jean de Vicence 38.
Jean Olieu, Pierre de 40, *41*.

Jean XXII *41*.
Jeanne d'Arc 64, 65, *65*.
Jérôme, saint 20.
Jiménez de Cisneros, Francisco 75.
Jonathas 64.
Juglar, Gaspar *71*.
Julien l'Apostat 15.

K - L

Lactance *13*.
Latran, concile de *19*.
Latran III, concile de 22, *23*, 28, 62.
Latran IV, concile de 29, 30, 63.
Laurens, Jean-Paul *55*, 70.
Lavaur 28.
Lea, Henry Charles 95.
Le Maistre, Jean *65*.
Léon X 88.
Licinius 12.
Liège 20.
Lima 84, *85*.
Limoges 52.
Limoux *34*.
Lisbonne 75, *75*, 76.
Lisiard 20.
Llorente, Antonio 95.
Lombers 26.
Lope de Vega, Felix 94.
Louis VII 22.
Louis VIII 28.
Louis IX 29, 39, *63*.
Louis X 64.
Lucero, Diego de 72.
Lucius III 23.
Lunel 40.
Luther, Martin 88.
Lyon 27.
Lyon, concile de *35*, 40, *51*.

M

Madrid 84, 93.
Majorque 92.
Málaga 73.
Manès 13.
Marcy, Henri de 22.
Marseille 41.
Martin, saint *17*.
Martin, Juan 69.
Maxence 12.
Maxime *15*.

Mayence 63.
Meaux-Paris, traité de 29.
Mechthilde de Magdebourg *39*.
Mexico 82-83.
Michelet, Jules 95.
Milan 12, 19, 38.
Milvius *11*, 12, *13*.
Minerve 28.
Molay, Jacques de *64*.
Mont-Aimé *30*.
Montaigne 94.
Montaillou 36.
Monfort, Simon de 28.
Montforte 19.
Montpellier 53.
Montpellier, concile de 22.
Montréal 27, 32.
Montségur *33*, 34, *50*, 95.
Morillo, Michel 69.
Mühlberg, bataille de 89.
Muret, victoire de 28.

N - O - P

Narbonne 40, 49, 52, 62.
Nicée, concile de 14, *14*, *15*.
Nicétas de Constantinople 27.
Nuremberg *61*.
Olredo, Bartolomé de 83.
Orléans 19, *63*, 65.
Oxford 22.
Padoue 38.
Paléologue, Jacques 91.
Pamiers 36, 53, *53*.
Paris *29*, 39, *47*, 61, *63*, 64, *65*, 89.
Paul, saint 16.
Paul III 76, 90, 91.
Paul IV 90.
Paul VI 94.
Peña, Francisco 76.
Peñafort, Raymond de 37, *37*, 53.
Pérou 84-85.
Peyrat, Napoléon 95.
Philippe Auguste 63.
Philippe III d'Espagne 75.
Philippe III le Hardi *48*.

Philippe IV le Bel 35, 64, *64*.
Philippe V 92.
Pie V 91.
Pierre de Castelnau 27, 28, *29*.
Pierre de Vérone 38.
Pierre le Vénérable *63*.
Pizarro 84.
Plaisance 19.
Porrée, Gilbert de la 27.
Prague 37.
Priscillien d'Avila *15*.

R

Rabelais 94.
Rais, Gilles de *65*.
Raoul de Fontfroide 27, 28.
Ravenne 19.
Raymond VI 28, *28*, *29*.
Raymond VII 29, *29*, 33.
Récarède 17.
Reims 22.
Rémi de Reims *16*.
Robert le Bougre *30*.
Robert le Pieux 19.
Romain de Saint-Ange 29.
Rome 16, *18*, 21, 23, *23*, 26, 27, 28, 30, *30*, 32, *32*, 33, 37, 38, *49*, 60, 61, *63*, 68, 70, 71, 91.
Rouen 63, 65, *65*.

S

Saint-Denis, pèlerinage de *47*.
Saint-Félix-du-Lauraguais, concile de 26.
Saint-Gilles, église de *29*.
Saint-Gilles-du-Gard 21.
Saint-Seine, Guillaume de 35.
Saint-Servin, abbaye de *55*.
Saint-Thibéry, Etienne de 34.
Santa Maria, Vicente de 82.
Saragosse *15*, 70, *71*, 72, *72*, *73*, 74.

CRÉDITS PHOTOGRAPHIQUES

Sébastien 76.
Ségovie *70*.
Sellan, Pierre 32, 53.
Sens, concile de 21.
Séville 68, 69, 70, 71, 92.
Sixte IV 69, 70, *70*, *71*.
Sixte Quint 91.
Soissons 20.
Sorcellerie 59-61.
Sprenger, Jacques 61.
Strasbourg 39, 88.
Sulpice Sévère *17*.

T

Talmud 63.
Tarragone 37.
Templiers 64, *64*.
Teruel *73*.
Théodose Ier *15*, 16.
Théodose II *14*, 16.
Tolbiac *16*.
Tolède 71, 72, *75*, 92.
Tolède, concile de 17.
Torquemada, Tomas de 70, 71, *71*.
Toulouse 19, 28, *28*, 33, 44, 49, *49*, 50, *50*, 52, 53, 56, *56*, 57, 60, 90.
Toulouse, concile de 22, 29, *29*, 30,
Tours *17*.
Tours, concile de 22.
Trente, concile de 83, 90, 91.
Trévise 38.
Troyes *63*.

U - V - W

Urbain IV *51*.
Valdès, Pierre 27, 28, 34.
Valence 70, *70*, *72*, 74.
Valence, concile de 60.
Valencia, Martin de 82.
Valladolid 92.
Valverde, Vicente de 84.
Vatican II, concile de 94.
Venise *23*, 38, 91.
Verfeil 26.
Vérone, concile de 22, 23, 28.
Vézelay 22, *27*.
Vienne, concile de 35, 40, *57*, 65.
Villerouge-Termenès 36.
Voltaire 94.
Vouillé *16*.
Worms 63.
Wycliff, John 88.
Zumarraga, Juan de 83.
Zwingli, Ulrich 88.

CRÉDITS PHOTOGRAPHIQUES

AKG, Paris 23, 56h, 61b, 88, 89b, 94d, 97. Archives Gallimard Jeunesse 59, 60-61, 61h, 72g, 73d, 76b, 77h, 85h, 98, 107, 118. Artephot, Paris 12-13, 16h. Artephot/Oronoz 68d, 82-83b. Bibliothèque municipale, Carpentras 26hd. BnF, Paris 20, 21, 43, 44, 49, 56b, 77b, 110. Bulloz, Paris 25, 32h. J.-L. Charmet, Paris 36b, 58, 68hg, 74d, 75b, 108, 119. G.Dagli Orti, Paris 1, 2, 3, 11h, 11b, 13, 14h, 14b, 15h, 16b, 17h, 17b, 19h, 24, 26b, 28g, 32-33b, 36h, 37, 38, 40, 45b, 50, 51, 62-63h, 62-63b, 65hm, 74hg, 75h, 82h, 84h, 87, 94g, 96, 116. J.Dieuzaide, Toulouse 26-27, 35. D.R. 34b, 71. J. Duvernoy 53h. Edimedia, Paris 64-65b, 73hg. Explorer, Paris 53b. Explorer/P.Horvais 64-65. Explorer/P.Thomas 31. Giraudon, Paris 9, 15b, 18-19, 22, 27h, 27b, 28d, 29h, 51b, 52, 76h; 83h, 84-85b, 86, 89m, 89h, 90, 92, 93. Giraudon/Alinari 4, 5, 10. Giraudon/Index 69b. H. Josse, Paris 80-81. Keystone, Paris 95. Index, Florence 18b. Musées royaux des Beaux-Arts, Bruxelles. 78, 79 Rapho/G.Sioen, Paris 33h. RMN, Paris 39, 42, 47b, 48g, 54-55, 66, 91h. RMN/J.G.Berzzi 63d RMN/G. Blot 46d, 64g. RMN/Ojeda/Le Mage 46-47, 70. Roger Viollet, Paris 18h, 29b 57, 104. Scala, Florence 11. Scope/ N.Hautemanière, Paris 48d. J. Vigne, Paris 31hd.

REMERCIEMENTS

L'auteur remercie tout particulièrement Jacques Berlioz (CNRS), François Boisivon, Jacques Chiffoleau (Lyon-2), Isabelle de Coulibœuf, Nicolas Gouzy (Centre d'Etudes cathares, Carcassonne) et Jean-François Wagniart pour son amical soutien.

ÉDITION ET FABRICATION

DÉCOUVERTES GALLIMARD
DIRECTION Pierre Marchand et Elisabeth de Farcy.
COORDINATION ÉDITORIALE Anne Lemaire.
GRAPHISME Alain Gouessant.
FABRICATION Claude Cinquin.
PROMOTION & PRESSE Valérie Tolstoï.
SUIVI DE PRODUCTION Madeleine Gonçalves.
L'INQUISITION
EDITION Isabelle de Coulibœuf et François Boisivon.
MAQUETTE ET MONTAGE PAO Alain Gouessant (Corpus), Christophe Saconney (T&D).
ICONOGRAPHIE Claire Balladur. LECTURE-CORRECTION Pierre Granet et Jocelyne Marziou.
PHOTOGRAVURE Arc-en-ciel.

Table des matières

I   LE DOGME ET L'HÉRÉSIE

12 Le triomphe du christianisme
14 Définir l'hérésie
16 «Reductio ad unum»
18 Un renouveau spirituel
20 Canaliser la violence populaire
22 Hors de l'Église point de salut

II   L'INQUISITION MÉDIÉVALE

26 Dissidence en Languedoc
28 La réponse de l'Église au catharisme
30 Appel à la délation
32 Le tribunal de la foi
34 La résistance de Carcassonne
36 Survivances cathares
38 La fin des grandes hérésies
40 La révolution manquée des spirituels

III   LA MACHINE INQUISITORIALE

44 Dans l'engrenage
46 Un interrogatoire codifié
48 La mémoire des tribunaux
50 De la persuasion à la coercition
52 L'inquisiteur, juge et partie
54 Les hommes du Saint-Office
56 Le manuel et la pratique

IV   UN OUTIL AU SERVICE DU POUVOIR

60 La chasse aux sorcières
62 Les juifs, ennemis du Christ?
64 Sous prétexte d'hérésie

V   L'INQUISITION ESPAGNOLE, L'UNION DU TRÔNE ET DE L'AUTEL

68 Surveiller les «nouveaux-chrétiens»
70 Torquemada, le grand inquisiteur
72 Tout «converso» est suspect
74 L'expulsion des morisques
76 La pédagogie de la peur
78 La tunique d'infamie
80 L'autodafé
82 Les tribunaux mexicains
84 La répression de l'idolâtrie

VI   LES DERNIERS BÛCHERS

88 Protestantisme et Contre-Réforme
90 La fin du catholicisme «un et universel»
92 La mort de l'Inquisition espagnole
94 La Congrégation pour la Doctrine de la Foi

TÉMOIGNAGES ET DOCUMENTS

98 Les mots-clés de la procédure inquisitoriale
100 Dépositions et témoignages
110 «El Sambenito»
114 L'affaire Galilée
118 La mise à l'Index
120 Glossaire/bibliographie
122 Table des illustrations
125 Index
127 Crédits photographiques